【贵阳小吃竹枝词杂咏纪事】

周之江/著

贵州出版集团
贵州人民出版社

图书在版编目（CIP）数据

食遇：贵阳小吃竹枝词杂咏纪事 / 周之江著. --
贵阳：贵州人民出版社, 2020.12
ISBN 978-7-221-16044-7

Ⅰ. ①食… Ⅱ. ①周… Ⅲ. ①散文集－中国－当代
Ⅳ. ①I267

中国版本图书馆CIP数据核字(2020)第117001号

食遇——贵阳小吃竹枝词杂咏纪事 SHIYU—GUIYANG XIAOCHI ZHUZHICI ZAYONG JISHI

著　　者　周之江
出 版 人　王　旭
策　　划　谢丹华
责任编辑　谢丹华　张　黎
装帧设计　曹琼德
出版发行　贵州出版集团　贵州人民出版社
地　　址　贵州省贵阳市观山湖区会展东路SOHO办公区A座
邮　　编　550081
制　　版　雅昌文化（集团）有限公司
印　　刷　北京雅昌艺术印刷有限公司
开　　本　889mm×1194mm　1/16
印　　张　13
字　　数　210千字
版　　次　2020年12月第1版
印　　次　2020年12月第1次印刷
书　　号　ISBN 978-7-221-16044-7
定　　价　138.00元

目录

相逢在食外 ‖ 燕达

相逢在食外

燕　达

之江约我写序是在三周前，那天的聚会我们都喝了点酒，弟兄伙酒后常会说点肝胆相照的话，于是他说：你来给我的新书写序。我也应得豪爽，两肋插刀的感觉，之后就忘了。两周前，他来电催稿，我才惊觉这一次的酒话是要当真的。

周之江的朋友圈里，金光闪闪的名字很多，随便一个提笔都写得一篇好序。他之所以嘱我写序，多半是因为彼此成长中，有过很多交集。但不管是并肩采访金庸，还是读书版上作者与编辑的默契，都抵不过漫天风雪中，一干夜班编辑袖着手，等待一碗热腾腾羊肉粉的深刻记忆。

生于二十世纪七十年代，那些曾经骨瘦如柴的男性友人们，开始大腹便便步入中年油腻。之江却少有地保持着瘦削身材，这与一位美食作家的人设截然相反。他不似蔡澜，可以忽视太太的告诫，对一堆蹄膀、猪手垂涎欲滴，也不像沈宏非，精挑细选、满盘金玉。

不做夜班编辑之后，之江戒掉了夜宵。我不知道，是什么样的动力，让一个贵阳人可以放弃夜宵这种纵横捭阖的暗夜风情。后来，即便偶尔出现在众生放纵的晚上，周之江也多是冷眼旁观、不动如山。慢慢的，他从那双话最多的筷子，变成一个严谨、节制，用文字饱腹的学人，散了烟火气。这始终被我们这些朋友诟病，没有吃喝的加持，哪里是一个美食专栏作家的正确打开方式。

之江却不在乎这些，他可以从书本上找到各种食物的来源与佐证，在诗文中暗藏着想要告诉你的一点隐喻。在他用文字构筑的美食世界里，这个内心丰富的文人始终甘之若饴。

去年底，在贵阳文人圈里经营了十六年的河滨茶馆关了。慨叹之余，之江写了篇长文感怀。他写那里肉烂汤浓的清炖牛肉，更写那方风云际会的衮衮诸公。竹影之下，杯盏相交，思想生长，筵席散了，记忆却留着。

之江笔下，贵阳素粉有着本土市井八方杂处的包容；大十字的汤圆，亦显名利之外的少年心境。之江喜写苍蝇馆里的粗茶淡饭，投箸停杯处，倒也是一段潇洒不羁的人生。

之江顽固地用文字抵抗遗忘，让街边孕育的美食替沉默的街巷发声。他笔下的那些贩夫走卒、街边小吃，既是被拆得七零八落的城市过去，也是历经岁月的一代情感记忆。微不足道，但熠熠生辉。

我们的圈子里，有很多饕餮。之江虽然不馋，却是圈中组织集体觅食的狂热分子。有闲的周末，一群人几辆车，浩浩荡荡杀往安顺，只为这座美食之城迷人的『过街调』——在老城小街上，包一盒香辣酸辣口味叠加的裹卷，过街喊碗冒着奶香的牛肉粉，吃了藕粉细调的八宝饭，对面再来碗小锅凉粉，大肚汉还可以加个油炸粑稀饭。此时的之江热情又周到，端汤送粉微笑看着，最后自己才动两筷子。

去年正月初六，大部队奔赴安顺，谁知闲适惯了的老字号们极富个性，春节期间统一歇业。天色尽黑，我们才找到一家可以果腹的饭馆，桌上的鱼硬朗坚挺，不知经历了多少次过火油煎，才熬过从腊月到正月的时光。大家遗憾叹息之余，瞥见之江夹起一块就往嘴里送，边吃还边赞味道不错。

曾经，我们这一干朋友迷恋上了重庆火锅，常常相约。之江每次吃完都要拉肚子，但每遇邀约又会慨然应允。这时，他目光透过镜框，狡黠一笑说，重庆火锅就像一个损友，有些不雅又有些乐趣。

我想，之江是不在意吃的，只是就着用情谊调成的佐料，让跨年的鱼、无味的饭、尴尬的火锅，一并欣然入胃还咂摸得有滋有味。

我们这代人，成长于二十世纪七十年代以来的山河巨变，那时肚子总是饿着，嘴总是馋着，对彼时食物的记忆也是敏感而多情。我们经历过如今声名远播的酸汤鱼的到来，那不过是九十年代初才惊艳贵阳的美味。其发端，源自某个有眼光的餐饮老板的心血冲动，从黔东南引入了食材和厨子，没想到在贵阳一炮走红。当年的酸汤鱼馆子，多半坐落于街边简舍，甚至就摆在大街之上。最壮观的一家，从南明河新桥下的桥洞里生长出来，一溜烟上百张座椅拱卫着『食为鲜』的招牌，酸爽气韵沿着河岸升腾，绵延数里，终日不绝。一众男食客敞胸露怀，坐在河边或者马路道牙的矮凳上，边吃边喝，痛快淋漓。

一座城市的市井美食，往往是一方水土的乡愁记忆。它演变的背后，与这里的人文、地理以及民风民俗密切相关。从这个意义上讲，之江笔下满含着对贵州美食抽丝剥茧般的探究热情。与我们这些糊里糊涂、只求浅表快乐的朋友相比，他写美食，焦点不限于滋味，更着墨于往事与考证；他笔下的美食世界，更像是对这片土地的记录与抒怀。

贵阳人对口味的挑剔异于大多数城市。在这片犄角旮旯都熟悉的地方，那些藏于小巷深处的某一个锅灶，才是最有魅力的美食亮色。日子眨眼而过，街头美食的变化也迅猛而彻底。我们感念时光流逝，也庆幸见过风雨，如今时间过去又不想由它过去。这种矛盾的交织，一如之江的这本《食遇》，与其说是留住味道，不如说是留住归途。

合上电脑，想起年少时候与这座城市，与糯米饭、与包饼油条相逢的那些个早晨，与丝娃娃摊摊相逢的那些个午后，洒着金光，低回不已，恰似故人归来。

二〇二〇年五月二十三日

清时有味

素粉的粉丝

素粉偏搁油辣角，豆芽过水烫一撮。
人言此物丰滋味，中有乡思不可说。

——贵筑饮食杂咏之一素粉

素粉偏擱油辣角豆芽
過水燙一撮人言此物豐滋
味中有鄉思不可説

其一

何牧木／绘

开篇写米粉。

最近几年来，广西螺蛳粉忽然走红，远比贵阳米粉来得名头要大。这让我颇不服气，吾乡贵阳，地处西南一隅，食粉向有传统，乃平民食品之大宗。其风味之多样，堪以傲人，后面还会逐一涉及。

北人食面，南人吃粉。见诸记载的为数不少，《齐民要术》引《食次》曰：『粲，一名乱积。用秫稻米，绢罗之。蜜和水，水蜜中半，以和米屑。厚薄令竹杓中下，先试，不下，更与水蜜。作竹杓，容一升许，其下节，概作孔。竹杓中，下沥五升铛里，膏脂煮之。熟，三分之一铛中也。』

一九四二年，贵阳文通书局出版《贵阳市指南》，内中也写到米粉的做法：『黔人磨米为浆，蒸之成固体，再用手揉制，揉过后以机榨成圆丝如面条。用开水汆过数遍即可食，名之曰粉，以之作早点、午点、消夜等之用。』

米粉当然不止圆丝状，贵州本地米粉中，还有扁状，厚薄干湿不同，称为米皮、卷粉或宽粉。总归中国南方诸地，米粉类制品层出不穷就是了，而其中具有全国名声者亦自不少，比如云南过桥米线。名作家汪曾祺在西南联大时期流寓昆明，将近七年，多食米粉，印象太深，老来著文，回忆旧事，常常要提起，字里行间，读得出他的喜爱与眷念。据说当时的联大教授，中意于此味者不在少数。不过，经由汪先生的文章，也足以看出米粉确是盛行于南方少数几省的主食，『未到昆明之前，我没有吃过米线和饵块。离开昆明以后，也几乎没有再吃过米线和饵块』。可惜汪先生没来过贵阳。

如果要在贵阳林林总总的各类小吃找一个最具代表性者，窃以为非素粉莫属。

差不多可以说，所有贵阳人都是素粉的『粉丝』。

这可不是夸张，举一个例证，贵阳的杂弄里巷，素粉摊店随处可觅。而其最主要的两样原料，米粉和油辣椒，都是贵阳饮食的重要组成。只是，贵阳素粉的原料独树一帜，当地人称为酸粉，其形制较粗，似经轻微发酵，略带酸腐气息，吃不来的人简直难以下咽，嗜者却非此不乐。奇怪的是，近些年来，酸粉渐渐变味，酸味不足，结实劲道，以至于坊间传闻，说是过去酸粉皆用陈化粮制，现在改为新米，反倒不够地道了，我不大相信，但也无处求证，姑记一笔，还望行家有以教我。

此味他处无之，就我所见所闻所吃，海南、广西都有酸粉，但归根结底是靠外物调味，粉本身倒没有那种特殊的酸味。

素粉味道高下，有一个硬指标是油辣椒烹制得如何。贵阳油辣椒，名声在外的品牌当属『老干妈』，堪称有华人处便有『老干妈』，大大为贵州长脸，更足见其接受程度之高。但贵阳街头素粉摊店里的油辣椒，却各有特色，『老干妈』之流的工业化标准制品，本地人是瞧不上的。

有位世叔，跟『老干妈』有些特殊的渊源，于是陶老太太每年会亲手制一大罐油辣椒相赠，好些年前偶尔去他家，特地提起此事并捧出展示，得意之情溢于言表，无他，只因这是『专供』而非『量产』，这便足以傲人兼怄人了。

贵阳人煮粉吃，一般不说这个『煮』字。民国时期，姚华著《黔语》，有一条关于『粉』，考证极妙，不抄下来都不得行：『稻粉为条，贵阳盛行食品也，语辄曰粉，则知是条。不谓屑，凡屑皆谓之面，无论稻或麦也。粉是熟食，惟欲热而不使烂，则于热汤沸过，漉之，曰苇。饭亦或曰苇。宋陈唐卿《赠皎、启二僧诗》有句云：苇葱汤饼聊堪饱。用此字。故知贵阳苇粉、苇饭字皆同作。惟贵阳语虽有此，而未见人书耳。苇音如冒。』

确实如此，君如不信，随便找个素粉摊摊，不要两分钟，保管你听到老板大声武气地喊小工，『苇一碗粉，动作快点』。

这里得备注一个，所谓『大声武气』，为贵阳方言，意指嗓门大，气势足。

还得说说豆芽的问题。据说古早时代的素粉，不烫绿豆芽，而是豌豆尖，『尖』读音如『颠』，尖者『巅』也。四川作家流沙河《蜀中豌豆尖说》一文云，『五十年前，大军南下。有北人说：「你们成都人卖汤面，豌豆苗垫底，显得分量足，不老实！」他不知豌豆尖埋在碗里烫熟，味道才鲜。更不知成都人把那半生半熟的豌豆尖看得比面条更珍贵，爱称之为「青尖」，嚼得津津有味，仿佛一碗菁华正在此也』。

类似的故事我也遇到过。前两年接待东北来的朋友，临行时吃饭话别，不知怎地谈到贵州落后的问题，朋友忽然就义愤填膺，直斥吾乡人性急，南瓜、豌豆都等不及长大便摘来吃了，如何能富得起来云云。听得人一头雾水，实在不知如何驳起。

如今物价飞涨，且豌豆尖也非一年四季都有，逐渐改革，绿豆芽取而代之，知道这段故事的人也不多了。

外地人久居贵阳，因此而爱上吃粉的也不在少数。我的好友杨胡子，河南人，随妻入籍，定居二十来年了。自幼嗜面如命，如今也恋上吃粉，且酷爱素粉。如果说面食是正房，粉倒仿佛是他更偏心些的侍妾。我们开玩笑说，胡子到贵阳这些年，但凡他喜欢的面条，三五个月后，店铺必然倒闭，可见精粗不辨到何等程度，但凡他爱吃的，贵阳人都避之不及。搞得面馆见他来，忙不迭要送瘟神，迫不得已，改了口味，以免祸害商家。

当然只是玩笑，但素粉确实是贵阳人乃至贵阳女婿的心头爱。

我说素粉能够惹发乡思愁绪，绝非夸大其辞。思乡的蛊惑泰半来自舌头和胃，古往今来讲过这道理的多了。阿城《常识与通识》里就说：『思乡这个东西，就是思饮食，思饮食的过程，思饮食的气氛。』

大概一个人对于食物的偏嗜多半系自幼养成，即使成年之后，回到家中，妈妈做的饭菜总是能多吃一碗，就是出于味蕾的这种顽强记忆力以及肠胃长期形成的消化功能。好莱坞大受欢迎的卡通电影《料理鼠王》，用一味毫不出奇的杂菜煲彻底征服了挑剔的美食评论家，道理同样也在于此。

所以阿城又说，乡愁其实不见得都是出于愁绪，『于是所谓思乡，我观察了，基本是由于吃了异乡食物，不好消化，于是开始闹情绪』。

晋人张翰，在洛阳做官，『因见秋风起，乃思吴中菰菜莼羹、鲈鱼脍，曰：人生贵适意，何能羁宦数千里以要名爵乎？遂命驾而归』。可谓思乡就是思饮食的绝好例子。

素粉又称红油粉，价甚廉，报载兰州牛肉面涨价五毛，竟至惊动官府，素粉亦然。如嫌其寡淡，略添几文，便可另加荷包蛋、肉末、脆哨或软哨诸物。

往外地公干，如果要探望一下同乡友人，最感人的赠品一定是素粉。贵阳一般摊店都能体贴此意，备有酸粉、大头菜末、盐菜末、油辣角、炸花生米诸物什，以塑料袋、方便饭盒盛之，包裹妥帖，可携之出远门。至少我就不止一次为朋友带过。寻常粗食，往往乘飞机辗转千里，用贵阳人调侃的说法，不啻『豆腐盘成肉价钱』也。然素粉到嘴，聊慰乡思之苦，也就值回票价了。

我有一个老叔伯，曾总结贵阳人的特性，是『买辆小排量就算有车一族，周末找个农家乐打打麻将就算休闲』。这话说得极是。要之，荷包虽不宽裕，却总能把寻常日子过得来有滋有味，是贵阳人的一大好处。

贵阳是个八方杂处之城，开放包容，饮食上则口味偏重，尤其喜爱香辣。斯地之人，性贪安逸而好享受、易满足。而素粉之为物，价不甚昂而食之有味，原料简易而制作精心，正与吾乡风土人情相契合。之所以说贵阳人都是素粉的『粉丝』，內中大有逻辑可寻也未可知。故以之为本书开篇，窃谓不亦宜乎？

吃饭穿衣

豆腐果的馃与裹

豆腐白贴铁板烧，烧来里嫩外皮焦。
辣椒苦蒜调蘸水，趁热划开用木刀。
——贵筑饮食杂咏之二豆腐果

豆腐团团成丸子，炸酥捞起嫩欲死。
城中好味有雷家，偶一思之动食指。
——贵筑饮食杂咏之三豆腐圆子

居然逐臭播美名，偶尔嗅得不忍行。
三板桥边寻此味，惜无伟人代品评。
——贵筑饮食杂咏之四油炸臭豆腐

豆腐白貽鐵板燒〻来裏
嫩外皮焦辣椒苦蒜調蘸
水趁熱劃開用木刀

其二

豆腐圓圓成丸子炸酥撈起
嫩欲死城中好味有雷家
偶一思之動食指

其三

居然逐臭播美名偶爾嗅
得不忍行三板橋邊尋些
味惜無偉人代品評
其四

姜家乐 / 绘

豆腐果的果，搞不好应写作『倮』，这个字，今天不大用了。其实，少时读《水浒传》，就满眼都是『果子』。随手举例，第五十一回里就写到：『朱仝抱了小衙内，出府衙前来，买些细糖果子与他吃。』

只是，此果非水果，而是泛指各色点心。果子，其实是『倮子』。

谓予不信，不妨去翻翻宋人笔记，比如《武林旧事》《东京梦华录》之类，里面记载甚多，足证此说不虚。而豆腐果，也是点心一类的食品，贵阳话中，保留元明时期的俗语特多，据说多自北方传入，这或许也是一证。

豆腐果的做法并不复杂，铁板密集开小洞若干，上搁豆腐，以锯木面生火，取其特殊的烟火味，烤炙即得，外焦而里嫩，从侧面划开一个小口子，塞入事先拌好的佐料即可。需说明的是，中国人做菜，特别重视器物，该用什么不该用什么，大有讲究。划豆腐果，不能用刀，以免沾上金属气。传统的办法是以薄木片或竹片代替，豆腐本嫩，剖之甚易，焉用钢刀为。

旁涉一笔，贵阳人夏天煮素瓜豆吃，也不能用刀切瓜切豆，而是拿手直接掰成块或条，否则会影响口味。

吾乡素粉摊铺旁，每见行贩推车叫卖豆腐果，二物皆极平易，配而食之，相得益彰，所费绝少，已足堪解馋。

豆腐果里裹啥，不能随便为之，因其好吃不好吃，一大要诀是佐料。佐料，本地称蘸水，这也是贵阳乃至贵州菜的独得之秘。老百姓评价某家店铺味道如何，此乃一大标准也。豆腐果的蘸水，最重要的调料有二，一者苦蒜，也叫做野葱，为百合科山蒜的鳞茎，较之普通小葱，味更强烈；二者折耳根，即鱼腥草，气味亦浓烈，惟黔人嗜之。冬日苦寒，得此一味豆腐果，立街头，呼哧大嚼，可抵冻馁。

民国时，贵阳才子姚华著《黔语》，解释『蘸』字时即说：『食物点盐，或糖与酱汁而食之曰蘸。《五剧笺疑》四之一，但蘸者音湛。《说文》新附，以物没水也。此盖俗语。按：谓（蘸）字原起俗语，盖自唐宋已然。贵阳亦正相沿耳。然庾子山《镜赋》云：黛蘸油坛。则以物之入水之意，六朝即有之。贵阳语即不必食物，而凡以物入水，没而旋出之，亦皆曰蘸。《西厢记》二之一云：戒刀头近新来钢蘸。又云：包残余肉把青盐蘸。元人语皆与今贵阳同也。』

蘸水之事虽极微，其中大有学问。一九四二年出版的《贵阳市指南》写到，黔人喜食辣，且讲究蘸水，与历史上黔地贫瘠有关，盖山居平民，『常日之给，惟蔬菜与豆腐』，『无油无盐，若不以辛辣调之，真同嚼蜡矣』，『黔人嗜辣，良非偶然』。

扯远了，先打住。

豆腐古称『菽乳』，菽是大豆，其名甚雅。

古来文人，吟诵豆腐的佳篇无算，以好吃会吃著称的苏东坡，有诗题曰《蜜酒歌答二犹子与王即和》：『脯青苔，炙青蒲，烂蒸鹅鸭乃瓠葫。煮豆作乳脂为酥。高烧油烛斟蜜酒，贫家万物初何有？』可谓知言。

豆腐乃中国人饮食一大代表，一度热播的纪录片《舌尖上的中国》，口水滴答地介绍各地豆腐的特色，其自豪感不言而喻。豆腐由来，前人的说法很多，一般以为是汉代淮南王刘安发明。世人每每喜欢将某样东西的发明权归诸古代的名人，我向来颇不以为然，至少就豆腐来说，恐怕还是人民群众的智慧结晶。

刘安好神仙之学，与传统儒家互不相容，在世时，他动辄攻讦儒学为『世俗之学』，以至于有传说后来孔庙祭祀，长期将豆腐排除在外。千百年来，中国人独尊儒术，好在是分歧归分歧，该吃还得吃，绝大多数人并不较真。在肉食不足的传统农业社会，豆腐是老百姓补充蛋白质的重要来源，意识形态之争，动摇不了其营养学上的地位，更阻止不了美食家们满足口腹之欲的创造力。豆腐，因此而发扬光大，其制作烹饪之多样化，简直难以胜数。我所了解，沧海一粟耳，原不当卖弄。有贵州特色的，这里略举数例，如菜豆腐、鸡哈豆腐，皆宜佐饭，一般人或以为不登大雅之堂，我则津津乐道之。

老友颜三，毕节人氏，在贵阳近郊转租农民山坡，建一小农场，种菜养鸡喂猪，甘作田舍村夫矣。某次约饭，以鸡哈豆腐一大锅待客，蘸水须新制油辣椒，掺入肉末及大方豆豉粑，鸡是土鸡，豆腐乃自家磨成。冬日围炉，香辣美味不可言，吃得一身毛毛汗，用香港名『写食家』蔡澜的话说：『不羡仙矣。』

只可惜世风不古，豆腐虽极平易，欲得上佳者食之亦颇难如愿也。我友即说，自制豆腐，成本便已高过市场售价，即或考虑到商贩批量生产压低成本的因素，其原料未善，制作不精，略可想见。

这是很切实的话。

而贵阳小吃中，与豆腐有关的，还远不止豆腐果一样。试着说说看。

一是豆腐圆子，豆腐捏碎揉成丸子状，下滚油，炸得来外酥里嫩，划开后塞入苦蒜、糊辣角、折耳根、酸萝卜等调制的佐料，最要紧是趁热吃。本城最出名的是『雷家』，迄今不衰。如今好些酒店也备此一味，盛盘中，大老远地端进包房，还不急着上桌，等到摆好，圆桌转到你面前，早就凉了大半，哪里还有什么吃头。

二是烤小豆腐，分臭与不臭两种，蘸辣椒面吃。大学时代，花溪桥下颇有几个小贩挑着担子烤来卖，白天不好意思去吃，我跟室友小钱都是借暮色打掩护摸了去，偷偷吃上几十个，所费不过几元钱而已，至今犹怀。这些年据说开始流行煽豆腐干，喜欢宵夜下酒的朋友，谓之妙品，我没有夜生活久矣，不知是否也是类似的东西。

三是油炸臭豆腐，起锅后，放进一个大钵钵里，三剪两剪，改作小块，拌入类似豆腐圆子的佐料，但必不可少的是要加甜酱和香醋，盛入碗碟，即可食矣。在我小时候，吃得最多的一家，是汉湘街口三板桥的油炸臭豆腐，一个破烂路边摊，今时不知是否尚存，即或在，大概也早易主。

豆腐乃中国人饮食之大宗，一时道不尽，权且打住吧。

末了想说的是，豆腐果，以其用『果』字，不如用『裹』更能为之状也。近来有好事文人易其名曰『恋爱豆腐果』，编造出一段浪漫故事，似雅而俗，画蛇添足，不知所云，绝可笑也。

昔瞿秋白先生临刑前作《多余的话》，以『中国的豆腐也是很好吃的东西，世界第一』煞尾，伟大领袖亦谓『火宫殿的臭豆腐还是好吃』，吾乡地处偏僻，更无大人物高枝可攀，豆腐果一味遂困守不外传矣。

惜哉。

好吃不健康

糯米捶面握粑粑，馅子要用咸豆沙。
铁镌滚油炸黄脆，与糖麻圆作一家。

——贵筑饮食杂咏之五豆沙窝

偌大个饼下油锅，葱花还比肉要多。
再夹一筷水盐菜，搭碗豆浆加糖喝。

——贵筑饮食杂咏之六油饼

糯米揉麵粑粑餡子要
用鹹豆沙鐵鑄滾油炸黃
脆與糖麻圓作一家

其五

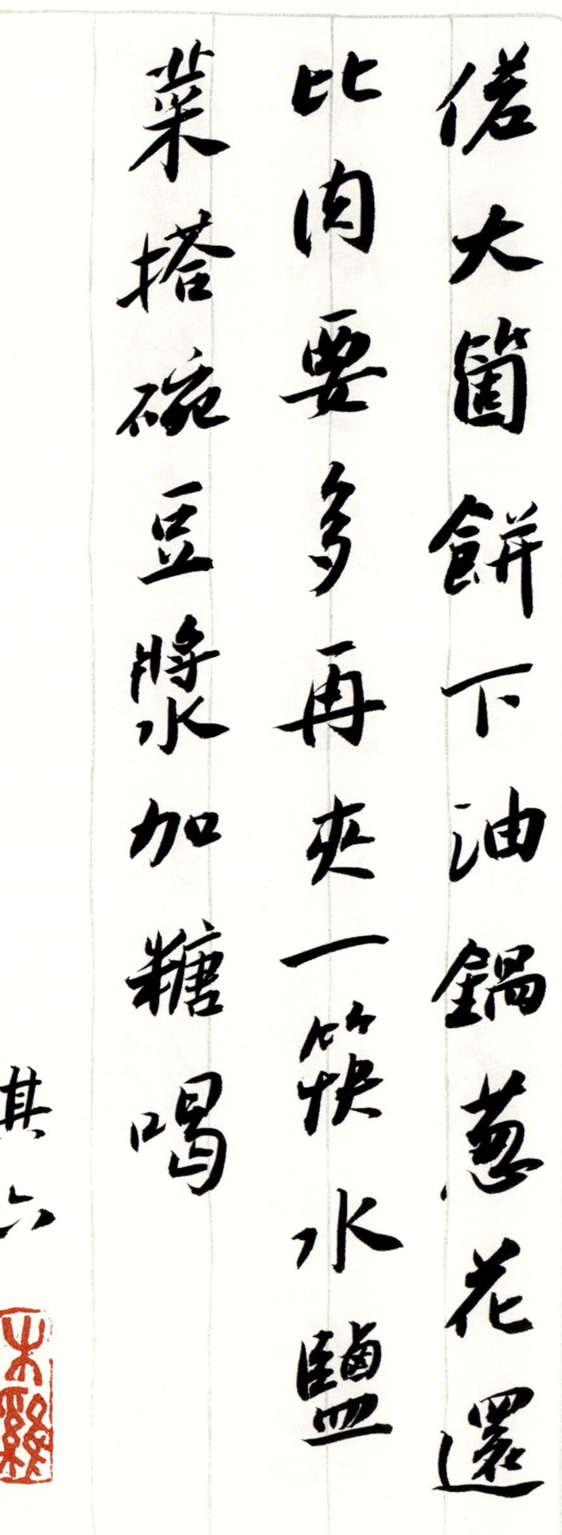
偌大箇餅下油鍋蔥花還
比肉要多再夾一筷水鹽
菜搭碗豆漿加糖喝
其六

罗湉晓 / 绘

油炸食品不利健康，已成共识。而据报载，滚油反复使用甚至可致癌症，以此为标准，豆沙窝显然不宜多食，遂不尝此味久矣。

但是很奇怪，无论中外，老百姓对油炸食品的喜爱并无两样。

英国佬的炸鱼薯条入选『国宝』，排名第一，甚至盖过了福尔摩斯和女皇的风头，网上铺天盖地是前首相布莱尔不顾形象大嚼特嚼的照片。我在英国得尝其味，去皮后的大块鳕鱼，裹上面糊，加上切成条状的土豆，拿滚油炸过，两者都堪称新鲜，浇上番茄酱蘸食，吃起来味道也不坏，就是分量巨大，吃到后面，不免觉得单调；日本人则把天麸罗捧上了天，究其实无非各种食材挂糊油炸耳，中国学者徐静波著《日本饮食文化：历史与现实》，考证说是源自于葡萄牙人的做法；贵阳的豆沙窝比较特别，别处似乎不多见，因中国人最熟悉的油炸食品是油条或油饼，无论南北，随处可觅，吃法或有小异，意思做法大体不差。

顺带说一句，贵阳人吃肉馅油饼，传统的吃法是划开一个口子，塞入自制水咸菜，现下已少见矣。照例是配豆浆吃，倒是一直持续至今，虽说味道是越发地寡淡了，据云掺水太多，但想想看，如今掺水的又何止是豆浆，也便释然。至于其他的西式快餐，如麦当劳、肯德基、必胜客之类更不消讲，油炸一味，绝不可少。

德国人贡特尔·希施费尔德所著《欧洲饮食文化史》说，人类偏爱油炸食品，是因为，『在历史的进程中形成了一种文化模式，认为享用肉食有很高的价值。肉食从食品变成了象征。因此，许多消费者在油炸食品中不仅看到了粮食的配菜，而且它成了饭菜的核心，一块假肉』。

说得有些玄乎，姑妄听之吧。

某次看电视，一个保健节目中，主持人将一片油炸薯片点火烧掉，居然滴下浅浅一碟子黑油，简直触目惊心。事实胜于雄辩，叫人很长时间对薯片敬而远之。

话说回来，油炸食品的确有其诱人之处。原因很简单，高温加上挂糊，封住水分，所以得其酥脆鲜嫩之妙。

豆沙窝的做法，是以熟糯米捶打后揉成团，以之为皮，裹入咸豆沙馅子。要诀有二，一是不能捶得太茸，多少要留一些整米，口感方佳；二是馅中需加花椒，味道才够正宗。一般来说，卖豆沙窝的油炸摊子都兼做糖麻圆，咸甜并得，顾客凭口味喜好不同，各有所择。

写到这里，想起一个故事。我有一旧日同事，早餐特喜食豆沙窝，单位门口小摊上购得，热腾腾地拿进办公室，冲速溶咖啡一杯佐之。我则反之，出门前烤吐司两片，抹上黄油或奶酪，带到办公室，配的却是续上开水的隔夜宿茶。都是中西合璧的吃法，各有巧妙。

时下不少高档酒楼都做豆沙窝，味道仿佛，只是形制较小，偏于精致。不知怎地，总觉得吃起来不如路边摊入味。寻常小吃，难登大雅之堂，大概就是这个道理。好在，据说豆沙窝已成『官方钦定』的贵阳名小吃，光大可期。

油炸豆沙窝不是贵阳人的专利，安顺亦有，且吃法略有不同，名唤油炸粑稀饭。当地人推崇的一家，在南水路上，豆沙窝的做法大体相似，却不搭配豆浆，大海碗舀上米面搅熟的糊糊，加一勺引子，浇上滚油，油炸粑切小块放进去，趁热唏哩呼噜食之，干湿两宜，相得益彰，别有风味。

顺带值得提及的，还有油炸鸡蛋糕。

根据我友安顺籍美食家黯石兄的描述，当一盘文抄公，『油炸鸡蛋糕原产于安顺镇宁，制作过程有点像是一种「土三明治」：先是用大米、黄豆涨发后掺入米饭、粉丝末，然后捣磨成浆，装入金属六边形模具至一半处，这时开始填入放在一旁的葱肉馅，继续装浆至满。准备工作完成后，将带着长柄的模具放入热油锅中，炸至金黄色取出。食用前，根据食客的要求可选择扁鸡蛋糕和完整鸡蛋糕两种。扁鸡蛋糕是将金黄色的糕体压破呈扁平状，淋上辣酱和折耳根食用，搭配一碗热腾腾的豆浆；原型鸡蛋糕则可由食客将辣酱和拌好的折耳根摆在小碗里，待盘装的油炸鸡蛋糕上来之后，自己慢慢撕开表皮往里填塞内容』。

乡前辈卢惠龙先生，给我讲过这样一段故事，讲得实在好，我便也照录了如次——

贵州电大大门出来，在八鸽岩路上，有家卖肠旺面的小铺子，要上几步石阶，门口的招牌是『肠旺面加豆沙窝——贵阳小吃的绝配』。朋友推荐，我去了两次，果然味道不一般。我小时候没有油炸食品不健康的观念，爱吃豆沙窝。一九六〇年，一下子什么都没吃了。哪里看得到油星？有的是糠粑粑、蕨根粉，实难果腹。梦中常常出现油炸粑。醒来想：豆沙窝可能会失传，哪里去找那么多油呢？

二十世纪五六十年代的过来人，都有对于油的特殊记忆。华东师范大学教授杨国荣先生，上海人，某次共饭，上了一碗馄饨，他边吃边回忆小时吃剩的馄饨凉透后，油煎配泡饭吃，想起来都流口水。须知那时代，但凡大量用油，都是奢侈的吃法，寻常人家，只是偶一为之耳。阿城在《棋王》那篇著名的小说中，就曾借『我』的嘴巴感叹：『钱是不少，粮也多，没错儿，可没油哇。大锅菜吃得胃酸。』

我在关于豆沙窝的竹枝词中说到『粑粑』，然而何谓粑粑？姚华写《黔语》的缘由，乃是此老晚年流寓北平，乡思难耐，默而条记。书中写到，『贵阳语多为重言。而重言有一字，必小变其音呼之』。

粑粑的读法，正与姚先生所说吻合。《黔语》又说：『巴，贵阳俗书作粑，即饽之转音俗字也。蒸稻捣之，为食品，曰饽饽，亦呼粑粑。稻捣烂则黏，因以黏物为粑。通行省笔，字皆为巴。』

不过，家父对此说法不以为然，据他说，豆沙窝即北京郊县的粘糕。姚华此条『粑粑』的考证有误。《黔语》还讲到炸字，『炼脂而以食入使脆曰炸，亦世行通语也，正宜用煠。煠音闸』。

小时看日本动画片《聪明的一休》，经常提到豆包，似乎是一种颇珍贵的食物，想象中也觉得大概与豆沙窝近似，后来才晓得其实不然。中国不少地方和日本一样，都有这种以豆沙为馅的食品，但多半都是甜馅，咸的较少。以细糯米面裹之，搓成小小的圆形或椭圆形，有的还敷上一层薄薄的豆面，大概是怕粘手之故。这就要远比豆沙窝精致得多了，即所谓『和果子』是也。

油炸食品如今几乎等同于垃圾食品，譬如披萨、汉堡、薯条、炸鸡之流西式快餐，而普通人每每内心喜爱，却羞于承认。某次我带队出差，在机场找午餐吃，一个好张罗的管账老兄东挑西选，把大家拖进一家中式快餐店，我坐下，表示，各位吃着，我去旁边的赛百味，这老兄一拍大腿：『你不早说。』

于是全部移师就食，皆大欢喜。

以前写过文章，说在我们幼时，『可口可乐差不多能与「资本主义生活方式」划等号，尝过可口可乐滋味，不仅是开了洋荤这么简单，而相当于某种仪式，直接跟现代化接轨或者上升到已经开化的程度』。舶来食物大概都有类似的功用，说这是全球化的后果，不是夸大之辞，尽管，我们不时还得批判这样的『野蛮入侵』。

美国作家比尔·布莱森曾在欧洲各国游历并写下《东西莫辨逛欧洲》一书，他发现，即使是傲慢的欧洲，也逃离不了所谓现代生活方式的侵蚀，唯独索菲亚是他到过最富有欧洲韵味的城市，『这里没有现代的购物中心，没有大型加油站，没有麦当劳或是必胜客，没有可口可乐的旋转广告。我从没见过这样一个完全摆脱了美国文化入侵的城市。这是一种纯粹的，完完全全的欧式腔调。我听到了心中最深处传来的声音：这，才是我自儿童时代起，便一心向往的欧洲』。

假如，比尔·布莱森漫游中国各地，他能找到一个『完完全全』是中式腔调的城市么？我很怀疑。现代化进程与保留传统习俗，本身就是一对冲突。

行文至此，忽地想起晚上闲翻书时看到香港美食家蔡澜的一句话：『好吃的东西都是不健康的。』

鱼与熊掌不可兼得，信哉斯言。

心中一碗牛肉粉

汤撒芫荽肉炖耙，筋杂卤蛋由便加。
心中一碗牛肉粉，教人啷个不想它。

——贵筑饮食杂咏之七牛肉粉

湯撒芫荽肉炖𤆵筋雜鹵
蛋由便加心中一盤牛肉粉
教人啷箇不想它

艾七

陈自由／绘

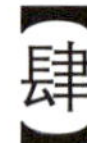

大学时代在花溪度过，囊有余钱，周末起早，先逛旧书摊，再食牛肉粉，便是神仙日子。

花溪牛肉粉，有两大品牌，一曰王记，一曰飞碗。都在步行街上，门脸相望，各擅胜场，不好妄断高下。事实上，好口味而兼好口碑者，本地何止十数家，岂让王记、飞碗独美哉。试略谈我所熟知者，如安云路『董记』、遵义路『马记穆斯林』、相宝山贵州日报社门口『胡记』、富水路口『超一』、鲤鱼巷『深巷』……都有特点，囿于『尝』识未遍，挂一漏万，在所难免。

竹枝词里说『心中一碗牛肉粉』，乃仿名导演李安语，所谓『人人心中都有一座断背山』是也，各有心头好，众口固难调，诚不宜定于一尊。而这也是饮食，乃至更广义的文化能繁荣多元的根本所在。道理不难明白，做起来却往往南辕北辙，奇哉。

竹枝词发在微博上，我的朋友杜彦之唱和了一首：

飞碗王记解嘴馋，仔细算来都不差。
各有心中一碗粉，花椒芫荽自己加。

牛肉在非游牧文化圈子里不是主流的肉食，更进一步说，在农耕文明圈子里，肉食就压根不是主流。缺乏肉食，带来一个有趣的现象，那便是老外看中国人，总觉得无所不敢食，只要能逮得着，就鲜有不是盘中餐者。究其实还是肉食不足，所以尽可能找补，上一文讲中国的豆制品变化多端，说白了，还是因为没肉吃，豆制品是主要的蛋白质来源，不变着法吃，怕是也吃不下去。

接着说牛肉粉，其源已不可考。黔人食粉，早有传统，而粉可以和若干食材搭配，轮到牛肉，并不稀奇。偶然读到贵阳市档案馆辑录的《抗战期间黔境印象》，书中所收《贵阳市指南》一文说，其时本地食馆中，『孙裕顺、伊斯兰为牛肉各味』，而『清真教之饭店，以炖牛羊肉汤调制之，名牛肉粉、羊肉粉。出售门市，嗜者不少』。据此猜想，也许牛肉和粉的结合，与伊斯兰教徒定居贵阳不无关系。

然而我也有个百思不得其解的小小疑问，即就我印象所及，贵州各地，但凡牛羊肉所搭配，绝大多数为粉，鲜见有牛羊肉面——舶来品如『兰州拉面』不在讨论之列——而肠旺、辣鸡、大排、猪脚等等，则粉面皆可，任君选择。这其中道理何在？我想破脑壳，也没找到答案。

毫无疑问的，贵阳是一个移民城市，仅就这近百年的历史而言，抗战南迁、三线建设、知青下乡乃至于改革开放后的浙商、『川军』等等，若干次大大小小的移民潮，累积式地塑造了这个城市的性格，当然也包括饮食。《贵阳市指南》还说到，抗战时期，『据有关机关之统计，贵阳小饭馆小食堂之综述，在二三百家以上，不可谓不发达，至菜肴口味，因五方杂处，各省风味俱备』。

贵阳市西路小商品批发市场，是浙江商人扎堆之处，犹记二十世纪八十年代末，这里就有一家温州风味的快餐店，虽未发展壮大，但却是一个很好的饮食随着移民迁入的例子。

廖炳惠《吃的后现代》，谈及移民文化与饮食之间的关系：『随着人口的移动，食物的烹调手法及食材在抵达异地之后，由于当地的风土民情以及各种动物、植物的变化，产生了各种组合，对于原来的食谱提出修正。』

牛肉粉好坏，最考校炖的功夫。而作为烹饪技巧之一的炖，起源极早，大约在各类耐火容器发明之后，炖也就应运而生了。王学泰的《中国饮食文化史》考证道：『釜、鼎、鬲、甑，是最早出现的陶制炊具。前三种都是煮食用的锅子，区别是釜底部无足，鼎有三个实心足，鬲有三个空心足。鼎主要用以煮肉食，负载大，故用实心足，以免「鼎折覆」。』

而炖菜不仅好吃，更有其营养学上的价值，德国学者贡特尔·希施费尔德著有《欧洲饮食文化史——从石器时代至今的营养史》，里面就讲到：『大多数埃及人兴许都吃牛肉，而且主要是炖着吃，因为烤肉会使更多的脂肪损失，这是一个食物短缺的社会所不能允许的。』

吃牛肉粉，可加的配料很多，加肉、加筋、加杂、加皮乃至加卤蛋，任由选择，食袋大者，甚至可以要个『全家福』，端上来像个小脸盆，再找小碟子盛满泡好的酸莲花白、酸萝卜，便可开始享用，吃到满身满脑大汗淋漓，确是人生一乐。

写到牛肉粉，不免频频吞口水。特别引起怀念的，是北新区路的一处小店，门脸不大，生意好的时候，就得端着粉蹲在路边吃。主人乃一老妪，不知何故，忽尔歇业，就此再无消息，店名也早淡忘了。

类似的故事还多，记得差不多也是十年前，每至隆冬，常去龙井巷口吃狗肉粉，连店也没有，至多算是个摊子。一中年男子卖粉，矜持得不行，不到晚上十二点不摆摊，慢慢架将起来，扔你在寒风中瑟瑟地等。几年后，便不知所踪。前两年，偶然有朋友约着吃夜宵，在省府路的夜市摊点又见到他，赶紧买一碗吃，味道却不是记忆里的味道了，摊主两鬓也见了白发，笑吟吟地，好像也没有了当年那股『爱吃不吃』的劲头。

焦桐《台湾味道》讲到街头摊贩的一节，最合我心，得抄一抄。他说，街头摊贩『较一般餐馆无常，初见才钟情，怎知它忽焉消失，杳无踪影。从前木栅游泳池门口有一摊大肠面线，甚是好吃，我每次游完泳必定吃一碗，酣畅淋漓。我搬离木栅前，某一天，它竟飘然离我而去。没有迹象，没有道别，我感受到命运的残酷』。

最近读到王揖唐《今传是楼诗话》，其中一条题为『良乡栗子』，说到因小小的吃食而引发兴亡之叹，引了晚清名诗人陈曾寿的两首诗，其一题《过良乡》：『良乡爊栗佐浮卮，犹记城南退食时。一代朝官心死尽，伤心容有李和儿。』需说明下的是，爊即炒。

李和儿是个特别有名的典故，最早似乎出自陆游的《老学庵笔记》，据载，汴京李和儿炒栗，名闻四方，南渡之后，有使节赴金交涉，到燕山，忽然有人拿了十颗炒栗子来献，自报家门，说是汴京李和儿，因为金人占领汴京，辗转来到燕山，仍以炒栗子为业云云。

此外还有一首《咏武昌卖饼叟》：『华表峥嵘不住尘，望门呼旧只酸辛。霜街一担油酥饼，犹是当年皱面人。』陈曾寿的自注说，『曩岁往武昌，有卖饼叟，作秦声，寒夜过深巷，其音幽咽，以长爇小炉担，间以竹筒吹饼令热，焦香喷鼻。自余入都，遭世变，忽忽二十年，今以事复来城中，闻声呼之，果叟也，询其年已七十，自言业卖饼四十年。感念旧事，为成一绝。』

以一栗一饼之微，勾起国运多舛的枨触，沉郁深切，皆极可诵。

周作人《苦茶庵打油诗》的第一首，也用到这个典故：『燕山柳色太凄迷，话到家园一泪垂。长向行人供炒栗，伤心最是李和儿。』录于一九三七年十二月二十一日，而知堂老人的学生顾随《倦驼庵诗稿》亦有句云：『秋风瑟瑟拂高枝，白袷单寒又一时。炒栗香中夕阳里，不知谁是李和儿。』一九四三年作，仿佛是唱和乃师。

接着说牛肉粉。和平时代，没有那么沉重的话题要说，倒是转眼毕业二十来年，假期同学见面，商量吃点什么好，有人提出，花溪牛肉粉，承载的大学记忆最为丰富，尤其为毕业后便背井离乡的同学们所经常挂念，就这个最好。

说得对，就是它了。

说过很多遍，饮食总是与我们的人生经历交织成一片，分拆不开，所吃的通常也不仅是食物，而是一份记忆。大学时的师兄小查，几年前为同学会写过题为《相识二十年》的四首绝句，其中之一说：

花溪曾现少年身，回首多番看不真。
二十年间成果巨，小男孩变老男人。

语近调侃，但真情流露，足以动人。或者有人以为飞碗牛肉粉已不复当年滋味，我却每次吃到都心存感激，时过境迁，因此而变味的东西着实不少——即使是记忆——而这碗粉显然地不在其列。

妙不可言

吃不着的萝卜分外酸

胭脂萝卜片成片，酸卤泡就色红艳。
顶好玻璃大瓶装，要吃先撒辣椒面。

——贵筑饮食杂咏之八酸萝卜

胭脂蘿蔔片成片酸鹵泡
就色紅艷頂好玻璃大瓶
裝要喫先撒辣椒麵

其八

罗小娜／绘

【伍】

俗谚有云：『冬吃萝卜夏吃姜。』从养生角度说，萝卜确是好东西。古称莱菔，有消食醒酒之效，其汁可以熬粥，《图经本草》谓：『治消渴，生捣汁煮粥。』《本草纲目》则说萝卜：『宽中下气。』清人曹庭栋著《养生随笔》谓其『兼消食、去痰、止咳、治痢，制面毒。皮有紫、白二色，生沙壤者大而甘，生瘠地者小而辣，治同』。

萝卜的好处说不清，道不尽。我辈俗人，只晓得一个吃字。无论生熟还是配搭，皆可称隽物，汪曾祺就说过：『萝卜原产中国，所以中国的为最好。有春萝卜、夏萝卜、秋萝卜、四季萝卜，一年到头都有。可生食、煮食、腌制。萝卜所惠于中国人亦大矣。』

最喜欢的，是大块的肥牛肉或是筒子骨炖萝卜，烧得入味时，两得其美，肉去油腻，汤则甜而浓郁。若说大快朵颐那个词形容什么最贴切，我以为便是这个了。

或说萝卜乃贱物也，物资短缺时代过来的人，免不了经常跟萝卜打交道，有关的回忆自然不少。犹记儿时，学校门口，卖酸萝卜的摊贩算是一景。大口玻璃瓶子，闷闷地装上红艳艳的泡萝卜片，酸甜适口。那会还没有塑料袋，超长的筷子夹将起来，小孩子也没有什么卫生意识，用手拿了，舀上一勺糊辣椒，均匀地撒在萝卜片上，拎得高高的，一路滴汤漏水啃着走。

此景如今鲜见矣。偶尔还有得卖，不过，玻璃瓶似乎过时，现在所用多是红色的塑料桶，仅就观感而言，远不及玻璃瓶来得诱人。

饮食是有着鲜明时代特色的东西，每说文化流转不居，饮食更是如此。虽说不登大雅之堂，以酸萝卜为代表的泡菜，古时称『菹』，《说文》释曰：『菹，菜酢也。』其历史非常古老，与腌腊肉制品一样，都是为了长期保存鲜物的发明创造。有了泡菜，即便天寒地冻，人类也能适时摄入维生素，保持身体健康，功不可没。从这个意义而言，泡菜可谓人类的恩物。

全国各地，都有泡菜，川黔渝三地，又有其鲜明的特色。北方气候寒冷，冬季不产蔬菜，不得不提前腌制，以备摄取维生素之需。南方则不然，一年四季，蔬菜短缺并不那么严重，故而泡菜逐渐发展为更纯粹的美食。愚人著《川菜：全国山河一片红》，即说『现代四川家常泡菜的一种——洗澡泡菜，仅在泡菜坛里泡一至二天即出坛，特点是生脆、咸鲜、微酸、微带姜蒜和辣椒的辣味』。

『洗澡』一词，简直妙绝，贵阳人也爱这一口，多数粉面馆子，主要提供的泡菜就是酸萝卜和泡莲花白，入口爽脆，用时下的流行语来说，走的是『小清新』一路。

有个朋友说，上小馆子吃东西，先尝泡菜，其味佳者，便可入座点菜了，且水准绝不会差。盖泡菜虽小物，小中见大，反映的是经营者的态度问题，以此绳之，其他菜肴也定然用心打理。此非真正的吃货道不得也，至少就我试过的经验而言，基本靠谱。

前面说了，萝卜自来是所谓贱物，蔡澜写专栏说萝卜之妙，『古埃及中已有许多文字和雕刻记载，多数是奴隶们才吃的。我们的萝卜，可在国宴中出现，最贱材料变为最高级的佳肴，这就是所谓烹调的艺术了』。

有例证，举一个如下。德龄《慈禧后私生活实录》说皇太后的奢侈生活，『萝卜这样东西，原是没有资格可以混入御膳中来的，因为宫里面的人向来对它非常轻视，以为只是平民的食品，或竟是喂牲畜用的，绝对不能用来亵辱太后；后来不知怎样，竟为太后自己所想起来，伊就吩咐监管御膳房的太监去弄来尝新。也亏那些厨夫真聪明，好容易竟把萝卜原有的那股气味，一齐都榨去了；再把它配在火腿汤或鸡鸭的浓汤里，那滋味便当然不会差了』。

不过，这样弄法，好吃固好吃矣，却也失掉了萝卜的本味，窃不取焉。倒是清人吴其濬在《植物名实图考》一书中写来最得我心，『萝卜，天下皆有佳品，而独宜燕蓟。风飚撼壁，围炉永夜，煤焰烛窗，口鼻炱黑。忽闻门外有卖萝卜赛如梨者，无论贫富髦稚，奔走购之，惟恐其过街越巷也。琼瑶一片，嚼如冰雪，齿鸣未已，众热俱平，当此时曷异醍醐灌顶？都门市谚有冷官热做、热官冷做之语。余谓畏寒而火，火盛思寒，一时之间，气候不同。而调剂适宜，则冷而热，热而冷，如环无端。亦唯自解其妙而已』。

今时今世，热衷人似乎特别多，读这样的文字，的确是『曷异醍醐灌顶』。

有趣的是，古人每喜用萝卜说事，清人陈康祺《郎潜纪闻二笔》里说于清端即于成龙的掌故曰：『自江院迁闽臬，舟将发，趣人买萝卜至数石，人笑曰：「贱物耳，何多为？」公曰：「我沿途供馔赖此矣。」其自北直赴江宁也，与幼子赁驴车一辆，各袖钱数十文，投旅舍，未尝烦驿递公馆也。在制府署，日惟啖青菜，江南人或呼为「于青菜」。仆从无从得茗，则日采衙后槐叶啖之，树为之秃。诸子冬衣褐，或木棉袍，未尝制一裘。』

吾国自古尚德尚贤，所以不论高官还是高士，动不动就要以品行高洁为标榜。流风所被，难免不出现藉（借）此沽名钓誉者。

《后汉书》卷一百六《许荆传》有一则故事，颇能为本文补遗：

许武举为孝廉。武以二弟晏、普未显，欲令成名，乃共割财产，以为三分。武自取肥田广宅奴婢强者，二弟所得并悉劣少。乡人皆称弟克让而鄙武贪婪。晏等以此并得选举。武乃会宗亲泣曰：『吾为兄不肖，盗声窃位，二弟年长，未豫荣禄，所以求得分财，自取大讥，今理产所增三倍于前，悉以推二弟，一无所留。』于是郡中翕然，远近称之，位至长乐少府。

许氏三兄弟的心计，不可谓不深，后人读来，不免鄙夷其为人虚伪。虽说这样的鄙夷，也难免吃不着的泡萝卜分外酸之嫌疑。然而，深一层想下去，韩非子早把背后的道理一语道破：『人主好贤，则群臣饰行以要君欲。』

有个朋友评价：『沽名钓誉者正历代不乏。相比之下，倒真是敬佩文天祥那种太平时尽享奢华，乱世却迎难担当的真男儿。一个萝卜吃出这样一篇文字来，萝卜知道，也该笑了。』

萝卜也许会笑，我倒不大笑得出来。

和衷共济烫火锅

藕片茼蒿豌豆尖，箩筐拣菜挑新鲜。
如纸飞薄午餐肉，老板吃完数签签。

——贵筑饮食杂咏之九麻辣烫

藕片茼蒿豌豆尖籮筐揀
菜挑新鮮如紙飛薄午餐
肉老闆喫完數簽簽

其九

周恩童／绘

【陆】

台湾美食家焦桐，在《暴食江湖》里有一文讲火锅的妙处，在于『火锅是一种深锅文化，很能代表中华料理的精神内涵。中华料理追求调合、圆融、团聚，从象征大团圆的圆桌，到火锅类的炊具和煮食法，均属这种调合文化』。

此论甚精当。火锅在吾国，几可谓无地不有，而又各有其特色。

北京涮羊肉，炭星起落，沸水蒸腾，生肉片流水价端上来，一盘一盘又一盘，拨入锅中旋已罄，属于北方游牧民族粗犷豪迈的吃法之延续；东北酸菜白肉锅，据云源自满人冬令传统筵席野意火锅宴，一样是古风犹存的豪放派；重庆四川的火锅，则以麻辣为号召，一年四季皆宜，赤日炎炎，一群大老爷们光膀子坐路边，身侧或空或满的冰啤酒堆成小小一座山，多少让人遥想到袍哥操社会的当年；近时又流行自助式的小火锅，分餐制，人手一个锅，自选自烫自食之，大概是源自广东一带的创造，围炉之趣稍减，勉强说只是围桌，在火锅大家族中算是比较婉约的一脉；贵阳人家常的火锅，现制糍粑辣角，加入调味料，少着水，煮食各色荤素配菜，辣得畅快淋漓，煮一大锅白米饭配而食之，一个人起码多添半碗，吃完一头一脑毛毛汗，每至天寒阴雨连绵时，光是偶念及之，都会食指大动……

火锅人人都爱，但也有不屑一顾的，如袁枚。其谈饮食之道的名著《随园食单》之『戒火锅』条即云：『冬日宴客，惯用火锅，对客喧腾，已属可厌；且各味之菜，有一定火候，宜文宜武，宜撤宜添，瞬息难差。今一例以火逼之，其味尚可问哉？』

随园老人是雅士，家世清贵，体会不了火锅这种平头老百姓的乐趣。南方城市，生活感比较强，俗而有味，正如火锅。贵阳也不例外，火锅文化特别发达，亲朋好友聚餐，火锅是首选。

常见的如辣子鸡火锅，这十几年来，风头最盛的当属息烽阳朗鸡，其实乃后起之秀。街头巷尾，好吃者多了去。大一点的菜场，例有一两家炒辣子鸡的摊位，炒法各有巧妙。

得打住了，再举下去，不知何时回到主题上面，余者略为罗列其名可也：豆豉火锅、豆皮火锅、鸡哈豆腐火锅、豆米火锅、酸汤鱼火锅、乌江鱼火锅、白水鱼火锅、毛肚火锅、干锅牛羊肉火锅、羊蹄花火锅、猪脚火锅、火肥鱼火锅、青椒童子鸡火锅、清汤鹅火锅……还是那句话，举不胜举。

火锅是平民色彩特别浓郁的食法，贵阳人搞这种饮食调合之道，有一个极富特色而且极为简易的发明，曰『麻辣烫』。同事起兴聚餐，家里临时来客，都能在步行十分钟可达的范围内，轻轻松松找到一家。清汤锅、麻辣锅、酸汤锅，任君自择之，实在统一不了意见还可以要个鸳鸯锅，便能各得其所了。配菜论份要，但大多数穿在竹签签上，数签签算钱。

竹枝词里特地提到午餐肉，有个缘由。罐头食品可保鲜久储，在物质相对匮乏的年代，普通百姓家，也不是随便可得。肉食不足，故而大掺其淀粉，营造出吃荤的假相，聊以自慰。我猜想，这便是发明午餐肉的初衷了。

美国作家海莲·汉芙与伦敦一家古旧书店的通信，在二十世纪七十年代结集成《查令十字街八十四号》一书，风靡至今，被誉为『爱书人的圣经』。汉芙小姐的信笺，从美国越洋过海寄到英伦，有时候，还会附上一包牛舌、一截火腿或者是一匣鸡蛋，只因为彼时正值二次世界大战结束后百废待兴的年头，英国人深为物资配给制所苦。

书店的女员工回信说，『如果偶尔会因物资短缺而临时减少配给量，我们就会拿别的东西去跟别人换罐头。我曾经用一双丝袜在黑市换得一罐干燥蛋，当然这么做不尽合法，却是非常时期不得已的变通办法』。需要说明一下，鸡蛋液经干燥去水，所制的粉末状蛋制品，即干燥蛋，其味道被那些英国绅士小姐们抱怨过多次了，『味同嚼蜡』。

这样的日子持续到一九五三年，在信中，他们满怀欣喜地写到，『所有的东西都已经不用配给了，稍好一点的店面头也能买到丝袜』。

人类的饮食习惯顽固无比，自有其原因，的确不易改变。我们那个年代的过来人，对几种食品有特殊的情感，都叫人怀念而且惆怅，不仅止于午餐肉。某一次，到朋友家包饺子，将近十来人，轰轰烈烈地上桌，其中，居然有两大碗黄桃罐头，大受好评。一群七零后，借此展开一段怀旧的旅程。我们突然发现，每个人的心中，都有着如此不新鲜却又无比鲜活的水果罐头情结——黄桃之外，还有菠萝、橘子或者荔枝。至于肉类，挥之不去的则是午餐肉、梅林红烧肉、凤尾鱼和豆豉鲮鱼，在物资异常匮乏、商品缺少流通、没有垃圾食品概念的年代，那些罐头，绝对算得上是一种恩赐。

席间，还有人回忆起少年时代的『劣迹』——如何乘人不备，偷饮上几口罐头里的糖水，然后，掺上足量的凉白开，务使父母不会发现分量已经不足云云。

所以，一定程度上，我们拧开的，不只是水果罐头的盖子，而是饮食记忆的盖子。

某岁国庆连着中秋，整整八日长假，于是筹划出游，碰巧好几个朋友都在约，于是选择去大理。半程坐火车，两个小时便到昆明，后半程自驾，虽说一路不曾堵车，却处处缓行，三百多公里路程，走了将近九个小时。

接近晚餐时候，路过南华，高速路边的广告写得清清楚楚，人称『野生菌王国』。同行罗兄，常来云南，地头熟，见到路牌，开车开得都略有些僵硬的眼睛突然放出异样的光芒，『我吃过，匝道下去就有家做野生菌的饭店，味道好得很』。

车子拐下匝道进镇，都是到处觅食颇有经验的老司机了，毫不犹豫找到门前停车最多的一家进去，非常娴熟地点上一锅乌骨鸡汤，配若干杂菌，炒一盘火腿，凉菜只一个——新鲜松茸蘸芥末酱油。天色渐暗，因已入秋，早有了凉意，开吃很快就暖和起来，尤其两碗菌汤喝下肚子，困乏顿消。而松茸正当季，脆嫩甘甜，舍不得全部生吃，留了几片放在碗里，注入热汤，几分钟后变得软滑，清香满嘴。一碗白饭，也先拿汤泡着，捞完菌子，已经吸饱了汤汁，几口吞下去，鸡肉甚至都可弃之不食了。

实在地说，云南人不善烹饪，所谓过桥米线尚还有一点特色，其他的，乏善可陈。罗兄亦好吃之士，路上就反复说了好几遍，出门前已经有了心理准备，看看美景，晒晒太阳，喝茶聊天，悠闲几日，至于美食，可以把预期降低些。

同意他的观点，外出旅游，找点好东西吃，是重要无比的一项内容，即使条件稍欠，也不能没有追求。

还有一次，也是去大理，约了好几家人，其中一位家属老兄，跟大家都不大熟悉，加之经历各异，性格有别，彼此间始终找不到共同语言，以至于略显孤立，弄得他也怏怏不乐。

临返程前一天，他早早起床，逛到菜市场，买回几斤土猪肉小排、一大包新摘的杂菌和蔬菜，跟汽车旅馆老板借得厨房，熬了闷闷的一大锅汤底，煮好米饭。

当天晚上，几家人因陋就简，围了一大桌子，开吃火锅。洗净的野生菌焖上十五分钟，揭开锅盖，香气扑面而来，这顿饭直吃得天地变色，日月无辉，都被这位仁兄脸上泛起的满足油光掩盖了下去。美食当道，满座皆欢，自不待言。

此情此景，让我不禁想起另一位食界老前辈汪朗先生，即是名作家汪曾祺的公子，其文章《杂涮火锅》中有警句云——

火锅之中各种成分难分高低贵贱，大家同在一锅，只有和衷同济，各展所长，方能最终造就美味。

庖丁

米豆腐不是豆腐

磨米成浆凝豆腐，脸盆倾出状如鼓。
刀切薄片置掌心，囫囵吞之此味古。

——贵筑饮食杂咏之十米豆腐

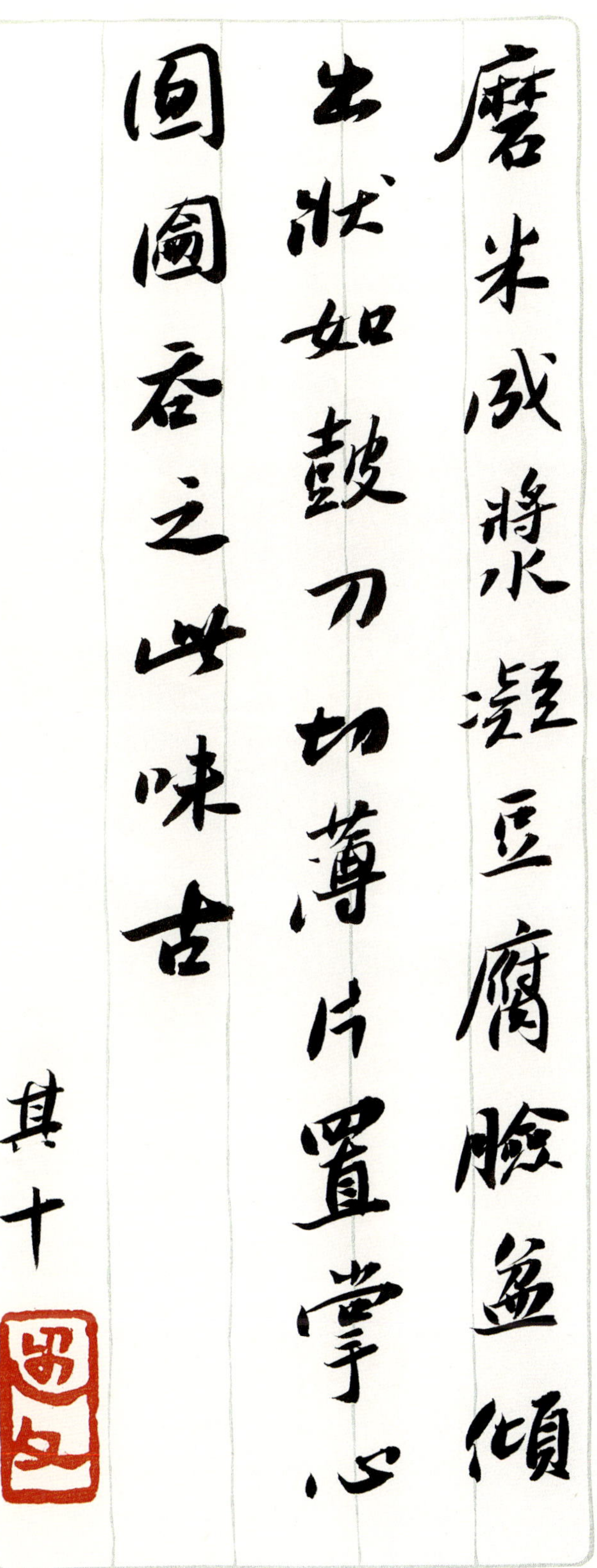
磨米成漿凝豆腐臉盆傾
出狀如鼓刀切薄片置掌心
囫圇吞之此味古
其十

罗小娜／绘

【柒】

米豆腐不是豆腐，正如猫耳朵并非耳朵。无非因外貌相近，遂以为名。

南方食米为主，千百年来，老百姓创造出无数精彩的食物，米豆腐就是其中一味。做法不复杂——用大米淘洗浸泡，磨成米浆，然后加适量的碱熬制，待其冷却凝结，因形如豆腐而得名。近些年来，还有添入蔬菜汁使其变绿者，盛上桌来，更加诱人食欲。

米豆腐，黔人通常只是冷食，前几年去湖南乡间看朋友，极晚始到家中，听说我没吃晚饭，立马端来一碗米豆腐，颜色灰扑扑的，且先下锅烫热过，浇上辣椒肉末，味道虽不错，但总觉得有一点点怪诞。大约是吃惯了凉拌的米豆腐，一时不能接受这种几乎是『叛经逆道』的做法。虽说，热食其实是当地的正宗。

不单湖南，贵州安顺人吃米豆腐，也有煮熟的做法，称作夺夺粉，加各色调料，小砂锅煮沸，拿长竹签戳来吃。贵州话里面，表示『戳』的那个字，读音为『夺』，以讹传讹，便写成了『夺夺粉』，而我怀疑，『戳』与『夺』一音之转，大概就是同一个字。

冷与热固有定见，甜和咸亦犹如是。另如汤圆，常见的是糖馅，此外似乎都是异端。鄙家祖籍浙江，外婆是宁波人，宁波汤圆天下闻名。老人家在世时，以上好板油、芝麻、细白砂糖和馅，反复搓揉，捏成小丸备用，煮食之，香莫比也。呜呼，此味不尝亦久矣。工作后，去兴义出差，当地有味著名的小吃鸡肉汤圆，顾名思义，乃是以鸡肉为馅，再加滚热的鸡汤。同事带我去尝鲜，一口咬下去，居然直打恶心。不是说这东西不好，更没有诋毁之意，约定俗成的力量强大无比，在自己的经验之外，往往就难以接受，不独饮食是如此。

兜远了，接着说米豆腐。杜甫在成都时，便写过《槐叶冷淘》，诗云——

青青高槐叶，采掇付中厨。
新面来近市，汁滓宛相俱。

入鼎资过熟，加餐愁欲无。
碧鲜俱照箸，香饭兼苞芦。
经齿冷于雪，劝人投此珠。
愿随金騕褭，走置锦屠苏。
路远思恐泥，兴深终不渝。
献芹则小小，荐藻明区区。
万里露寒殿，开冰清玉壶。
君王纳凉晚，此味亦时须。

所谓冷淘，也是凉粉面一类的东西，至少是从唐时起，即有以槐叶揉汁加入其中添色的做法，可见由来已久，倒不是近人的发明。愚人著《川菜：全国山河一片红》谓，这一吃法乃是自京师传至民间，未知靠谱不靠谱，我倒是不大相信。

凉粉凉面一类的小吃，在贵阳不止米豆腐一桩，乡人总是津津乐道。比如豌豆凉粉，跟米豆腐一样，也是磨浆制之，等凝固成型，翻过脸盆，倒将出来，圆圆的一大坨。犹忆儿时，小摊贩拿罐头铁皮密密打孔，做成一把特制筛子，三刮两刮，手法轻盈，半呈透明状的豌豆米粉便铺出一层。用手抓起，置入碗内，拌好作料，连汤汁带粉面扦进喉咙，痛快得不可言说。

有个吃货朋友曾语我曰，豌豆米粉最好的部分是最底下那层皮，略硬些，带点嚼头，但非得跟摊主关系到家，才能切得一碗吃吃，已久不得尝矣。

我小时候，在黔南的瓮安县雍阳镇城关一小就读，校门口有老妪卖米豆腐，价仅一分钱。切作薄片，尚不及小儿巴掌大，置手中，一把小刷子，蘸些辣酱之类的抹上去，就手心而食之，此景于今恐怕已不复再见矣。偶忆及之，微觉怅然。

凉粉面还真未必是只有贵阳的做得好，贵州遵义有名小吃曰『刘二妈米皮』，其特色是佐料里加有肉丁，亦可热吃，但非正途，而且也远不及凉吃的有味。此外，南白和鸭溪的豌豆凉粉也是一绝，据说有人写诗赞曰：『依稀黄白似琼瑶，剔透玲珑分外娇。切块分丝调酱醋，涤腥取味用姜椒。朝朝市上迎宾客，日日坊中慰寂寥。唯恐秋深霜露重，夜阑人散雨萧萧。』

出处不可考，但写得可谓声情并茂，我以为乃是知者之言。

吾乡或者准确地说西南一带，类似豆腐而又不是豆腐的食物，还颇有几种，比如魔芋豆腐。四川作家流沙河撰文考证说，『旧时蜀人饭桌，魔芋食品叫黑豆腐，低贱不起眼，与凉粉同类。凉粉放蒜泥，加熟油辣子，除了下饭，还可零食。……魔芋又名鬼芋，属天南星科，多年生草本，先花后叶。其地下块茎扁球形，有毒。误食而生幻觉，就会着魔见鬼，故名。吾国先民苦饥，设法去毒。先是洗净搽（擦）干，切成片段。又以草灰浸出之水，煮十余沸。又以清水漂五六遍。然后换水，下锅再煮。煮成一锅浓稠浑汤，冷后冻结，便是黑豆腐了。……此物配菜肴，吸汤汁，特入味，且有咬劲供嚼，故为著名土产』。

写得实在好，忍不住多引几句。贵阳人也吃魔芋豆腐，制法差不太多，而烹饪之法，则可以用酸菜或者加肉尤其是老腌刀炒食，也可煮汤，甚至直接白煮了蘸来吃。

魔芋类的食物，东邻日本也有，而且尚存古名，即蒟蒻，最近读到大作家远藤周作的《狐狸庵食道乐》，其中写到：『近来的小酒馆，几乎不再端出起司或鱼子酱等下酒点心，取而代之的是炖蒟蒻或豆腐渣之类的家常小菜，而客人也非常喜欢。』

中国西南地区，尤其钟爱魔芋食物，前些年去重庆出差，晚上吃饭，当地朋友拿出几袋粉末状的东西，撕开倒入玻璃杯，以开水冲泡，待其融化后请我品尝。滑腻清香，微有甜味，初初以为是藕粉，朋友揭秘，居然是魔芋所制，倒是真没想到。

而本地更有特色的豆腐菜，我以为当属豆花饭，黄尧抗战时期的绘本《牛鼻子漫游贵阳》记载说，『旧时贵阳的豆腐店，每天清晨都会把新凝成的而未经压紧的豆腐（通称豆花）入市售卖。此豆腐是用酸汤点成。元代郑允端诗曰：「磨龙流玉乳，蒸煮结清泉。色比土酸净，香逾面髓坚。」市民购回后，用酵水、黄豆芽一起煮，就叫「豆芽豆腐」，要配以专门的油辣椒做蘸水，是下饭的好菜』。今时贵阳，还是如此，所谓『专门的油辣椒』，最好是要放些肉末一起制，吃着更有味。

《清稗类钞》则记载了另外一个豆腐菜，『黔中制腐，曰菜豆花，而并不见菜豆，其味极妙。黔人喜以秦椒炒盐拌食之，味辛而爽口，然淡食更有至味。盖黔之豆腐，皆以山泉沥成，故味甘而香洌』。

不管豆腐还是米豆腐，都是极平易的饮食，拔高一点说，里面确有至味存焉。中国人善于烹调，便宜的豆腐，也能弄出种种玄虚，清人陈恒庆《谏书稀庵笔记》记，『书吏之富，莫如户部银库之经承。有史松泉者，家赀数十万。……自造南豆腐，鸭汤煨之，上加金华火腿细末，作红寿字，鲜明不忍下箸』。

类似的记载还多，不具引。总之不拿豆腐当豆腐的吃法，与小吃的趣味都南辕北辙，说起来，倒是米豆腐朴素，玩不出什么花活来。这一点不跟奢华混迹，保留乡土本色的气节，还胜过豆腐不少。

夏日长

尝尝就忘不掉的那碗面

肠糯旺嫩面要脆，平民所爱是杂碎。
免青红重今不闻，打杯散酒容小醉。

——贵筑饮食杂咏之十一肠旺面

腸糯旺嫩麵要脆平民所
愛是雜碎免青紅重今不
閙打盞散酒容小醉

其十一

周欣遇／绘

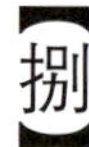

肠旺面好吃，口彩也好。肠与常、长二字都谐音，肠旺即常旺、长旺也。当然，它也是外地朋友来到贵阳尝尝就忘不掉的那碗面，而对于身在异乡的贵阳人来说，它更可能是你常常忘不掉的那碗面，甚至可以说，是你惆怅着盼望的那碗面。

面系特制，讲究个脆劲，仅煮一小砣，北方朋友来食，不免抱怨分量不足果腹也。而其佐料添头多样化，却与北人吃面大异其趣。肠乃猪大肠，做得好的，既无怪味，且软而糯；旺即猪血，沸水里汆一下便捞入碗里，宁生勿太熟。再加脆哨、红油、葱花、豆芽、辣子鸡汤汁、卤豆腐等，宽汤寡面，鲜美无比，堪称贵阳最出名的小吃。

出差稍长或远游他乡的贵阳人，时不时就要想起这碗面，流下口水来。

说肠旺面代表了思乡的蛊惑，绝非夸大之词，卢公惠龙，本地文坛前辈，读到我所写的肠旺面竹枝词，写了一段文字传我，实在太妙，忍不住得抄在这里，『那年，去美国底特律的一所大学走访，接待我们的是贵阳老乡。闲聊间，说起贵阳的肠旺面，他不胜唏嘘，说，在美国想起程肠旺就是一种煎熬，早上起来，对着墙壁喊一声「红重」（即面馆里「红油加重」之行话），聊作发泄』。

其乡思入骨，略可想见，只是时过境迁，老乡回乡，真进了肠旺面馆，一声『红重』吼出来，店小二多半不解其意咯。

老友杜彦之则唱和我的竹枝词说，『红重汤宽加肥肠，独好此味出厅堂。呷酒吃面容小醉，要寻汤饼巷中藏』。所谓『汤饼』者，为面的古称，其做法大概类似今天的切面，晋人束皙有《饼赋》说，寒冬腊月，清早起来冻得哆哆嗦嗦，清鼻涕直流，而此时『充虚解战，汤饼为最』。接下来便是一通铺陈，写得真好，冬日里有这一碗热汤面下肚，确乎百忧可解。

某前同事，湖南籍，在贵阳工作多年，自称最好这一口，说到入港处，眉飞色舞。有天约着去吃面，排队排到他，郑重提示煮面的小工：『不要肠子不要旺子。』

小工也率直可爱，兜头顶他一句：『那你何不点碗脆哨面？！』

这是闲话。贵阳人特别把早餐当个事，负责任地说，个把月不重样地吃，没有任何问题。我父亲退休后，把步行半小时左右可达的早餐吃处排了序，逐日换一家吃，两三周轮转一遍。

习惯了这样丰富多彩的早餐生活，乡人去到外地，种种不适应，往往都从口腹之欲而起。

本地名声在外的粉面店甚至摊点，七八点钟起，便门庭若市，找不到座位是常事，西装革履者、窈窕淑女者捧着碗蹲在路边大嚼，也属寻常。生意火爆固然是好事，即或找得到座，周围闹哄哄地，搞不好还有人俟立一旁，虎视眈眈，就等你咽下最后一口面条，好抢你的位子。

以前常见老人打上二两散酒，就着肠旺面的浇头慢慢呡来，真觉得太平盛世，当个『天地兴亡两不知』的老头儿着实不坏。惜乎这几年鲜见矣，试想如此一派闹热景象，莫说是喝酒，吃完面喝口汤的兴致都没有了。

我家老爷子也写过一首竹枝词说：『出外最忆是肠旺，黔乡名点滋味长。锅大水滚即时捞，面条脆韧需压杠。臊子要用槽头肉，三漂三洗猪大肠。血旺老嫩凭喜好，宽汤免青自开腔。漏瓢一汆绿豆芽，辣油色红淋高上。稍加陈醋调碱味，真正考究是骨汤。再来二两散茅台，眯眼咂嘴细品尝。』

可谓声色并茂。

肠旺面的历史不短，《贵阳市指南》讲到民国时期『专长一味』的小食品店，『苏德盛为肠旺面』，今早不存矣。小时赶上计划经济的末期，民营小吃摊店鲜见，要吃肠旺面，选择也少。程肠旺据说是解放前便有的老招牌，早改国营了，去过一两次，印象中食客寥寥无几，味道更是平平无奇，配不上其名气和履历。

记得二十世纪八十年代，喷水池贵阳饭店也卖肠旺面，二舅公自杭州来探亲，带我逛街，看到此物，大感稀奇，难以想象这满满一层红油，如何下得了嘴。特地买一碗，叫我吃给他看。在我记忆中，似乎这是第一次吃肠旺面。

大学毕业后，迷上的第一家肠旺面，于我而言有些特别的感情。不好点明，切望不要对号入座。总之在我家附近不远，中心城区某处。桌椅餐具清洁，口味也还正宗，脆哨自制，瘦多肥少，尤其加分。

那还是二十几年前，吃个面，也经常遇到市里的头头脑脑，买了票，也跟着吃客们一道排队。有认识甚至是熟识的，寒暄几句，帮着递双筷子端碟泡菜，除此似也无人大惊小怪，好像也没人拿排队吃面当做密切联系群众下基层体察民情同甘共苦来说事。

俱往矣。

几年前，中午适在附近买点东西，想起这家店，绕几步路过去，点了个单碗，一口下去，觉得面不对，只普通水面而已，毫无嚼头，肠子偏咸而硬，汤却寡淡，勉强夹了两筷便不能忍受，拭嘴拂袖走人。在路口啃了个锅盔，算是找补。

近年来，贵阳做得好的肠旺面颇有几家后起之秀，我排位次，这家店始终放入前十。就如今这碗面的水准，铁定掉出十名开外了。下决心不再来吃，但多少有些失望涌上来，打个不太恰当的比方，好像曾经熟悉而且欣赏过的某人，一晃几年不见，居然庸脂俗粉，市侩得令人不耐其烦。

那种感觉，庶几近之。

改革开放四十多年，市场力量推动之下，小吃虽微，因与平民百姓生活关系密切，蓬蓬勃勃地发展起来。一碗面做起来再复杂，再有所谓独到之秘，也总有人参透得出个中奥妙，煮出滋味来，谁也垄断不了。于是继起者层出不穷，比如护国路南门口、合群路蒋记、民生路金牌罗记、黄金路任记……都各有特色，铁杆粉丝众多，一群贵阳人闲聊，动不动就要为哪家更好吃争执起来，互不相让。

以前看武侠小说，爱说什么『文无第一，武无第二』。窃以为，食之一事，也难判高下，众口各殊，自有偏嗜，用不着强加于人，要学该学费孝通先生晚年那关于文化包容的十六字箴言：『各美其美，美人所美。美美与共，天下大同。』

而肠旺面也并非贵阳独有，近邻安顺，也吃肠旺面，做法味道都有不小区别，我去吃过，也蛮蛮好。某次去西安，发现当地有所谓『葫芦头』，其实是猪大肠的别称，尝试过，肥糯醇香，妙不可言。

肠子丰腴而味美，吾乡将这类牛羊猪禽的脏器下水一律统称为『杂』，这些年来倡导健康生活，牛杂羊杂猪杂鸡杂概成戴罪之身，有害之物，加之痛风、高血压、高血脂等等毛病年轻化，更使得吃肠旺面不要肠子者更比比多是。

客观说，要身休健康，管住嘴巴的确很重要。康熙年间，大英帝国的使臣马戛尔尼勋爵和他耀武扬威的船队在大沽白河口停泊靠岸，勋爵阁下此刻正为痛风所折磨，以至于没有多少闲心观察这个神秘的国度——在法国人佩雷菲特所著的《停滞的帝国——两个世界的撞击》一书中这样描写到，『（中国的）成年人长得健壮，尽管吃肉很少。这种饮食上迫不得已的节制反而有利于健康。马戛尔尼对此很想不通，他的同伴说他之所以因痛风而行动不便，原因就是他好吃』。

所谓『痛风』者，顾名思义，谓其疼痛来去如风是也，由来久矣。早在公元前五世纪，西方医学之父希波克拉底就有关于痛风临床表现的记载。有研究表明，这个由于贪嘴和营养过剩导致的毛病，甚至可能影响到历史的进程。

曾看到报道说，西班牙研究人员找到了神圣罗马帝国皇帝查理五世一截小手指，经检查，这位武功赫赫的君王显然是位痛风患者。史书上记载说，查理五世贪吃而无节制，以至于『关节剧痛严重限制了他成年后的生活，他出行总要坐特制的椅子』，不仅如此，肉体上的疼痛还影响到他在国家大事上的决策，一五五二年，因痛风扰乱心神的查理五世推迟了对法国城市梅斯的军事行动，四年后，在失败和病痛的双重折磨下，他让出王位，并于两年后去世。

欧美人吃肉多，很多地方却不吃内脏或者说相对少地食用内脏，窃以为，部分的原因在于，中国自古是农耕文明，肉食不足，所以知惜。须知，内脏头脑都是肉，但凡能食用，尽可能吃干打尽，例不放过也。

中华文化，宽厚广博，无所不包，即或饮食之小道，也充分展现这一特色，难怪四川作家李劼人先生在《漫谈中国人之衣食住行》一文中说，『表现中国人博大容忍，就在中国人能够接受各地方民族所固有的文化之一的食，而毫不怀疑地将其融会贯通，另自揉（糅）合成一种极合人类口味的新品』。

李先生进一步说，『许多在今日高等华人菜单中称为名贵食品的，其先，大都出于劳苦大众迫不得已而后试吃出来』。随后所举的几个例子中，牛毛肚火锅、牛肺片凉拌，都是下水杂碎之流，如今皆登堂入室，尤其毛肚火锅升格衍化而成的重庆火锅，为时人奉为上品矣。原因很简单，好吃是也。

好吃与健康之间的确存在一对矛盾，所谓『病从口入』，其实并不单指吃进了不卫生的细菌，同样也可以作为饕餮者的戒条。我家老爷子曾经有句狠话，『只要想吃就说明自己的身体需要』。

这种逻辑，套用孔夫子的话来说，便叫做『从口所欲不逾矩』。事实上当然做不到，我得吹个牛，说我早猜到了。

鸭子和回忆都是老的好

通宵有卖『刘半夜』，大坨鸭块面上排。
何当快饮瀑布酒，加碟卤菜小妹来。

——贵筑饮食杂咏之十二鸭块面

软糯浑如不胜咬，赤手上阵无幼老。
我有一语堪广告：『吃得脱不了爪爪』

——贵筑饮食杂咏之十三青岩卤猪脚

通宵有賣劉半夜大坨鴨
塊麵上排何當快飲瀑布
酒加碟鹵菜小妹来

其十二

軟糯渾如不勝咬赤手上陣
無幼老我有一諾堪廣告吃
得脱不了爪爪

其十三

周恩童／绘

【玖】

医生、古董、学者乃至茅台、绍酒，都是愈老愈吃香。不怪钱锺书先生的《围城》说，『科学跟科学家大不相同，科学家像酒，越老越可贵，科学像女人，老了便不值钱』。

鸭子亦然，老鸭煲汤，味厚而甘，非三五碗下肚，不得餍足也。而年齿尚稚者，煮出来一股子怪味道，骚腥不能入口。如今养禽技术发达，鸭子从孵化出来，到摆上餐桌，短短几个月，而且一辈子没经过阳光风雨没接过地气，更加吃不得也。

鄙人不喜食鸭，外公外婆都是宁波人，在世时，每至中秋节，照例要以芋头老鸭文火熬一锅浓汤，选材讲究，味道自然绝好。虽然，我也只饮汤不食肉，挑剔得很。此外，还爱吃个北京烤鸭，一咬一嘴油，图其过瘾。另有一个偶尔吃吃的，便是吾乡鸭块面。细察其缘由，烧卤得宜，即少鸭味，是主要原因。

鸭系温补，自古就是中国人菜单上的常客，吃法多样，不时翻新。但似乎选材还真得有所注意，清人曹庭栋撰《养生随笔》引《禽经》云，鸭子一物，『白者良，黑者毒；老者良，嫩者毒』。啧啧，已经上升到『毒』的高度，不单单味道不佳而已。

若论鸭子吃法，贵阳香酥鸭的名气更胜鸭块面。集中在小十字一带，短短百十米街面，密密麻麻挤着十几家，其中以『但家』最负盛名，虽说我也吃不出什么太大差别来。滚油一大锅，随炸现吃。最受欢迎的是鸭脖，炸到里里外外都酥透了，油乎乎地捞出来沥干，取个纸袋子包了，撒上一层麻得舌头都不利索的椒盐，持之招摇过市，个中高手，真可以啃咬到吃骨头不吐渣的程度。

没有考证过源流，反正自记事以来，三十余年，香酥鸭长盛不衰。油炸既不健康，加之素不喜花椒味道，故极少光顾，勉强说其好处，也在于油炸得透，佐料足量，即或鸭子本身并不出色，其不宜之味也被掩饰，如羚羊挂角，无迹可寻矣。

中国饮食的一大妙处，即善于以味掩味，似是而非，乃得调合之旨趣也。但鸭子好像不适合于这样的烹饪法，袁子才《随园食单》说：『戒耳餐何谓耳餐？耳餐者，务名之谓也。贪贵物之名，夸敬客之意，是以耳餐，非口餐也。不知豆腐得味，远胜燕窝；海菜不佳，不如蔬笋。余尝谓鸡、猪、鱼、鸭豪杰之士也，各有本味，自成一家；海参、燕窝庸陋之人也，全无性情，寄人篱下。尝见某太守宴客，大碗如缸，白煮燕窝四两，丝毫无味，人争夸之。余笑曰，「我辈来吃燕窝，非来贩燕窝也。」可贩不可吃，虽多奚为？若徒夸体面，不如碗中竟放明珠百粒，则价值万金矣。其如吃不得何？』

话说得够刻薄的。不好跟着附和，毕竟我辈吃不着燕窝，难免被人嘲笑有酸葡萄心理。

不过，贵阳鸭块面，倒还真有些『豪杰之士』的意思。鸭块面在本地并非流行很广，有名者仅数家，比如『刘半夜』『罗福记』。面亦平平无奇，但鸭子烧得硬是不赖，一大块切将下来，铺在面上，撕咬一通，豪气陡生。

『刘半夜』还经营各色卤味及凉菜，鸭肠、鸭肝、鸭胗、鸭脚、卤蛋、豆腐、花生、泡蒜薹……佐酒最宜，打完几圈麻将的夜猫子，晃过来整几瓶夜啤酒，安逸得很。名实相符，通宵营业，生意一度兴隆。唯不见卖脖子，不晓得是不是专供油炸香酥鸭去了。这几年『刘半夜』好像突然不见踪影，另一家相距不远，在万东桥下，即『罗福记』，单就鸭块面的味道来说，似乎还胜出一筹，只是我印象中营业时间较短，下午便收摊。

贵阳做鸭子有名的，我所知道，还有一家『天维地』的酱鸭。十几年前，大十字老百货大楼里烧卤铺子卖的酱鸭也极好，是什么品牌已不复记得，家里来客人，一时菜不够，老爷子往往就要叫我去砍一只或半只回来吃吃。回想起来，『天维地』酱鸭的味道就与之仿佛，偏咸而鲜，非常入味，且耐咀嚼，佐酒想必不坏，可惜我不善饮。

广西人爱吃柠檬鸭，盛在极大的盘子里，颇有豪气，某年去南宁出差，朋友驱车十来公里，带到城边一处名店里品尝过。奈何我不爱吃鸭，勉强举箸，浅尝辄止，辜负了朋友的一片热忱。

还有更著名的武汉鸭脖子，大概因为池莉的小说《生活秀》及其同名改编电影而爆红，几乎成为江城的代表性小吃了。某次出差，尝有打油诗咏鸭脖子云：

武昌首义地，连日雨脚斜。
步出瞻铜像，迩来更可嗟。

志士犹余恨，惊呼岁月赊。
真相谁能辨，青门学种瓜。
承平日已久，又逢春朝佳。
有街名吉庆，惬意乘柴车。
杂然陈肴蔌，可以供轻奢。
寻常佐酒物，妙笔竟生花。
思之动食指，嚼之费牙巴。
我独怜此鸟，何尝戏鱼虾：
引颈成一快，不负小说家。

遵义某友，跟我同好，也不爱吃鸭子，总觉得有股特殊的气味，『说难听点，就是鸭屎气。但确实有些厨师妙手，能让鸭子变得让人欲罢不能，除了酸萝卜炖的老鸭汤，就数绥阳蒲场镇章水饭店的卤鸭子了。每次回老家绥阳必吃无疑，还要带一两只走人。但我的食用原则是：不吃热的，只吃凉的』。

想来，这家卤鸭了跟贵阳的酱鸭有些类似，宜冷食，可见朋友是真吃货。

提到卤味，忍不住想多说几句。贵阳郊区，有名古镇曰青岩，是外地友人来我喜欢推荐的去处，理由简单，那里的卤猪脚好吃是也。

青岩可谓满街满巷都卖猪脚，各有偏爱不同，拙文不拟妄断高下。就我所知，卤猪脚大行其道，至多不过二十余年的事。二十世纪九十年代中后期，因工作之故，时不时就会去一趟青岩，找家破馆子吃饭，有人提出想吃猪脚，店里小工就骑上摩托车，带个巨大无比的搪瓷钵钵，到附近一处摊子上买来。

忽焉数年，旅游兴起，来客日众，青岩猪脚随之名气日增，经营者也不囿于某家某记了。青岩卤猪脚之佳者，软糯而不腻，啃得来太投入，胶质把嘴巴都黏住，呜呜呜地连话也说不清楚，快何如哉。

有个老大哥曾在青岩镇担任过镇党委书记，我跟他开玩笑，说卖一句广告词给他，『青岩猪脚：吃得你脱不了爪爪』。爪爪一语二指，即指猪脚本身，也指握着猪脚的这双手。

卤菜一味，青岩猪脚只是代表，好吃的选择尚多。前面一文曾说贵阳辣子鸡的好处，其实本地烧鸡亦佳，最出名的当属刘老四，最早在文化路摆个摊子，烧鸡之外，兼营各种卤味，现在做大了，像模像样的饭馆开了若干。关于烧鸡的记忆，下面这一个，可说深刻。

大学时代，某次爷爷到家里来，父母都外出了，提来的一只烧鸡只好让我带回学校。一寝室的人欢呼雀跃，便说要弄点酒喝喝。至于结果，有过类似经历的人不会猜不中——等下楼到小卖部买酒的哥们回来，就只剩了骨头，恨得骂『直娘贼』的心都有。

毕业后，因工作关系，常出差各地，这样那样的著名烧鸡吃过不少，实在说，徒有虚名者多。月是故乡明，乃一般人普遍的心理，大概，我也不例外。

鸭子的副产品很多，鸭脖、鸭胗之外，还有咸鸭蛋。小时候各家各户都自己做，切开来，筷子戳下去，蛋黄冒油，方称隽品，如今会做的年轻人也不多了。

前不久读到丹尼尔·贝尔高徒丁学良先生的大著《我读天下无字书》，里面有个故事颇精彩，说是二十世纪八十年代中期，作者在美国匹兹堡大学念书时，与王小波、李银河夫妇相邻，来往频繁，发生不少趣事：『美国人也不喜欢吃鸭蛋，因为很腥。我们住所旁边的公园里有很多野鸭，有时下了上百个蛋都没人要。我们捡回来，吃不完后，就想办法把它们腌起来。王小波是用盐水把鸭蛋泡起来，这样味道并不好。我灵机一动，想起我们安徽农村腌鸭蛋的经验：用牛拉的尿拌黄土来腌，吃起来会特别香。在匹兹堡那个钢铁之城，黄土不好找，牛尿就更不好找了。我后来又想了个办法——自己尿尿。这样腌出来的效果还不错。我们送给王小波去吃，他问我是怎么做出来的，我告诉他是怎么回事，他一听就破口大骂，以为我们是在耍弄他。我说我们自己也吃啊，他才稍稍息怒。』

食物及其味道，总是与我们的经历相牵连，分拆不开。何止鸭子是老的好，回忆也是愈老愈好。

肖形猪

『丝丝』记忆在牙巴

今日请客尽吃草，莫愁眼大肚皮小。
原是私娃非丝娃，薄皮裹就似襁褓。

——贵筑饮食杂咏之十四丝娃娃

今日請客畫喫草莫愁眼大肚皮小原是私娃非絲娃薄皮裹就似襁褓

其十四

李天心 / 绘

【拾】

贵阳丝娃娃，说它是具体而微的小型冷食春饼，大概错不到哪去。其演化情形如何，已不可考矣。

丝娃娃这名字取得着实好。以湿面团烙极薄之面皮，大小略与食烤鸭之面皮等，而其薄则远过之。十张称一份，配食皆蔬菜之属，小碗盛之，品类不下数十种。多切作细丝，也有切为末的，择所喜欢者，裹入皮内，凡三折，呈襁褓状，浇透蘸水，塞满一嘴，则云美矣。本质上归入素食之列，惟一带荤的配菜，过去只有脆哨末，最近几年新派的丝娃娃，已经开始提供酱爆肉丝了。但数量颇少，对于非肉不欢者而言，确乎不够塞牙缝，吃着吃着『口里淡出鸟来』也不好说。

或云，丝娃娃之称也是后起，引车贩浆之流者不文，原呼之为私娃娃，翻译成普通话，就是私生子。贵阳人爆粗口或表亲热，喜说『私儿』，鄙人不学，原以为出自宋元明俗语，即《水浒传》里所谓『这厮』『那厮』，后来才晓得大谬不然。『私儿』，也就是『私娃娃』，至少是写出来未免不雅，遂改作今名。谐音且形似传神，真是点睛妙笔。由『丝』还可以联想到贵阳俗语『牙巴丝丝个』，姚华《黔语》释『牙瓣』条曰：『牙之数以瓣计。……又语有牙巴丝丝者，言其末处微数也。疑丝丝是些些。牙巴，亦牙瓣之音变也。』

顺带地介绍下姚华其人。姚先生字重光，号茫父，贵阳人，一九零四年末科进士，后游学日本，归国后长居北京。他所著《黔语》，是一部研究清末民初贵阳方言的学术著作，此书之撰写，约在一九二九年间，其时姚华已五十三岁，次年即因脑溢血症复发而辞世。姚氏晚年流寓他乡，故土之思，大抵都系于此书之纂矣。

姚华记述写作此书时的情形说，很想写一点和贵州有关的事情，因为生病行动不便，取材考证都不太现实，唯独家乡话还没有忘记，一边回忆一边记录下来，居然也凑成一册。

其实，《黔语》的价值，倒并非全在于考证方言流变的精当，姚华在为黔中土语逐条注释时，还信手记述了许多当时黔人的生活习俗、社会风尚，读之饶有兴味。姑举一则为证，姚华注解『猫猫』一词说：『《僧了尘集》记了尘有一四字联云：蒙猫猫迷，塔马马肩。迷，呼如谜，即捉迷藏也。童戏之一。一儿被蒙，群儿藏之，蒙者口中唱曰：猫猫迷，董董场，放出猫儿拿耗娘！』童趣盎然，多少也表露出老年人流寓他乡的眷念之情。且『躲猫猫』的游戏，至少在我这一辈幼时也还保留。

记得郑逸梅有一则札记说，许廑父为邻居捉刀写信，其人乃一宁波老妇，开口便问：『这封信是寄给宁波同乡的，不知许先生能不能写宁波字？』许听了大笑，连称：能，能。老妇大喜，一再称述：『许先生真是才子，什么地方的字都会写。』

姚茫父的《黔语》，便是我们自己地方的才子写的『贵州字』。

言归正传。丝娃娃是典型的街头小吃。如今经济繁荣，大鱼大肉，山珍海味，多了也烦。高档酒宴上，端一盘丝娃娃上来，不好说这是忆苦思甜，起码能解解油腻。

有朋自远方来，提出要亲身感受一下贵阳的市井生活。带着他四出觅食，其中一味就是丝娃娃，选的是省府路贵山苑内的黄大琴家，就在住宅区里。教授了此公具体吃法后，看他笨手笨脚地裹不成形状，稍稍用力过度，便皮破丝落，满桌狼藉，倒也是一大乐事。

说起黄大琴，忍不住多写几句。好味不怕巷子深，生意好到爆，故而从来不太待见人。不过对熟客，也还算客气，偶尔减个零头之类权当打折。有个细节我特别喜欢，倒不是因为『环保』——客人不小心弄掉一只筷子，喊老板娘拿，连体一次性筷子，必定只掰一只给你，剩下一只，扔回抽屉备用。

包丝娃娃，当然有所谓的一定之规。前面讲过了，形如襁褓，是标准样板也。贪心的食客，也有直接把配菜放在薄面皮上，堆得满满当当，裹也没法裹了，快手快脚，胡乱浇上些蘸水，吃得包口包嘴。风度虽不雅，但胜在多吃多占，实惠划算。

还有的客人，一面包丝娃娃，一面就要挟上几筷子配菜直接进嘴巴，老板看到，客气地便要提醒，脾气毛的，搞不好还会说上几句怪话。

这几年，后来且有居上之势的丝娃娃店不少，比如『丝恋』『包整』，各有创新，菜品也更丰富，不像老派的『黄大琴』，丝娃娃之外，只有几味炒饭、炒粉做主食。

小时候，很少零花钱，一吃十个二十个丝娃娃，绝对是痴心妄想。学校门口有人摆摊，一两分钱一个，还不能自己包，摊贩早早包好了，一手交钢镚，一手拿筷子夹了，浇好汁，直接递进嘴里。依贵阳人的俗话，牙巴丝丝点东西，真不够塞牙缝。

还有朋友，深情回忆旧事说，二十世纪八九十年代，女娃儿流行穿大蝙蝠袖毛衣，上街吃丝娃娃，太投入了，蘸水顺着手腕手肘一路流。等到吃得心满意足站起身，只觉得左边手臂又凉袖子又重，饱饱地吸足了蘸水，揪将出来，几有小半碗之多。

听完大笑不已，不知道是不是段子。

鄙人向来粗鲁，受不了丝娃娃这种细食，北方正宗春饼，更对路子。梁实秋的《薄饼》一文说：『薄饼是要卷菜吃的。菜分熟菜炒菜两部分。所谓熟菜就是从便宜坊叫来的苏盘……漆花的圆盒子，盒子里有一个大盘子，盘子上一圈扇形的十个八个木头墩儿，中间一个小圆墩儿。每一扇形木墩儿摆一种切成细丝的熟菜……家里自备炒菜必不可少的是：摊鸡蛋，切成长条；炒菠菜；炒韭黄肉丝；炒豆芽菜；炒粉丝。』

南北春饼，各有风味，而切为丝则一。

某年在京，朋友拖到西南物流中心淘书，一逛大半天，到饭点，要觅食，说是燕山石化家属区里，有家春饼好到爆，曷妨一试？

说去就去。驱车半小时赶到，五个人吞下小二十张饼，配菜五六样基本见底，再加冻啤酒数瓶，着实吃得很快活。一边吃，一边又想起梁实秋先生的文字，说是『北方人贫苦，如果有两张家常饼，配上一盘摊鸡蛋（鸡蛋要摊成直径和饼一样大的两片），把蛋放在饼上，卷起来，竖立之，双手扶着，张开大嘴，左一口、右一口，中间再一口，那简直是无与伦比的一顿丰盛大餐』。

比较起来，贵阳人吃丝娃娃要文雅得多了，甚或有一点办姨妈妈的意思。小吃本来不必定要能充饥肠，味道好才是小吃的追求境界。有个朋友在微博上给我留言，说『诗有余为词，食有余为小吃』，可说道出其中三昧。

从碗饵糕到破酥包

米浆上笼蒸便得，宛然三色褐黄白。
要选细者核桃大，一口一个嘴里塞。

——贵阳小吃杂咏之十五碗饵糕

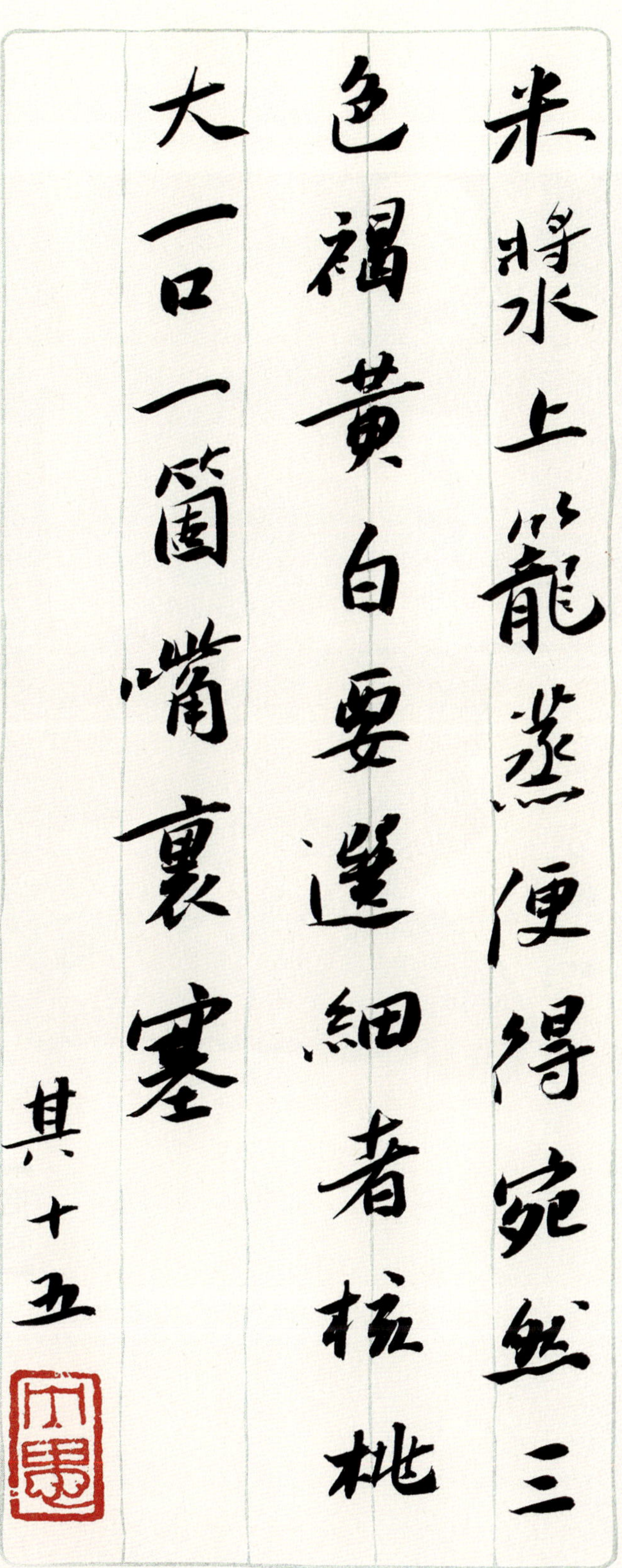
米漿上籠蒸便得宛然三
色福黄白要選細者核桃
大一口一箇嘴裏塞
其十五

曾新雨 / 绘

【拾壹】

碗饵糕不是鄙人心头好，儿时还喜欢，现在难得光顾一回。此系米制食品，带有缺衣少食年代的典型特征，以少许食材，尽可能地弄得大些大些再大些，泡泡松松，似酸似甜，吃下去却极度缺乏满足感，因总觉得不是那种踏踏实实的饱。

黄尧的《牛鼻子漫画贵阳》说：『贵阳的碗饵糕出现在清代，因形如小碗又有边耳而得名，儿童最喜欢食用，取其谐音，又叫「娃儿糕」。当时贵阳经营户较多，以南京街（今中华北路）的最出名，南京街的碗儿糕，个大、味甜、泡松软绵、红糖色。当时还因此流行过一句「南京街的碗饵糕——争（蒸）大了」的歇后语。』

小时长辈忆苦思甜，常说过去饭不够吃。很难理解，按说毕竟每月至少还有小四十斤口粮，装在布袋子里，扛起来还得费点劲。

实践出真知，一九九五年暑假，在毕节的赫章县水塘堡乡参加大学生社会实践活动，自幼在城市里长大，对农村生活，既新鲜，也不适应。比如吃饭。

贵州农村，一天只两顿正餐。十几个老师同学，餐标是两菜一汤，需要说明一下，不是人均，是总共只有两菜一汤，而且除了汤管够，两个炒菜，也只是人均的分量。大约两天里有一顿，其中一个菜里能见到少许肉。而汤，则是没有一颗油花的酸菜豆汤，配糊辣椒蘸水一碗。记得中途校领导来探望，随行的司机在厨房里看见这一大锅汤，差点以为是讲究一些的猪食。

油水不足的结果，是一顿要吃掉六七碗饭，还是大海碗。仍觉腹中空虚，无甚饱意。这次经历，让我对过往的饥饿年代有了真切但还远不够深切的认识。后来写过一首五古，记其事曰：

山居一月余，远避是非地。
遣兴惟蠹鱼，诵读无诠次。
袖短知内寒，鹭缩且鼾睡。
贫邑无兼味，食我犹谷类。

蘸菜与豆荚，大釜一齐饵。
偶然打牙祭，箸下意甚恣。
其地风俗淳，村讴少顾忌。
辞章非雅驯，比兴却妩媚。
虽不识宫商，搜求不忍弃。
最喜客自来，麼然冲泥至。
猛忆若有失，鸡虫天下事。
畅怀即莞尔，凑韵以为记。

诗中所谓村讴，是说当地的彝族民歌，非常质朴。每天买一包最便宜的香烟，晚饭后找人唱，一个多月下来，记下满满一本，几百首。还有记得的，说什么『大河涨水浪淘河，鱼在河中摆脑壳。哪天得鱼来下酒，哪天得妹来捂脚』之类的。民歌的好处在于不装，知堂老人曾说，好些来自民间的东西，『当然不很「高雅」，然而多是壮健的，与士流之扭捏的不同』。

我以为，小吃的好处也在于此——不扭捏作态，开吃便原形毕露，不故弄玄虚，合意就单刀直入，不伪作深沉，心动便直言不讳。从那种吃的纯粹性和开放性而言，小吃，其实是『大吃』。

言归正传。碗饵糕似乎没有多少技术含量，所以随处有得卖。据说民生路有一家颇为出名，去买来尝了，发现如今的碗饵糕又有新变化，碗口大的之外，还有杯口大的，一口一个，吃起来倒也方便。

有一个与碗饵糕类似的小吃，爆米花。现在的城市里似乎不多见了，小时候，隔一段时间，就会有人在单位宿舍大院或者居民院落大声吆喝，这是小孩子最兴奋的时刻。家里拿来的米和适量白糖，放到一个如同煤气罐的炉膛里，高温加热，时候已足，一声爆响，白气蒸腾中，甜滋滋的米香味道便扑到脸上。松松脆脆的米花，装满了家里大大小小的容器，嘴馋时抓一把，是那时难得的享受。

黄尧先生的漫画配文里，还提到了破酥包子，题为《又酥又会破的包子》：『即破酥包子，包子暄软，馅心细嫩，味咸鲜香，因内有层次，故称为破酥。当时贵阳汉云楼所做的破酥包子最有名，城南城北的人为一饱口福，不惜大清早到店领牌子买包子。因为保质量，该店每日限定数额只做三四百个。』有位老先生告诉我，现今能辉酒店破酥包子也有名了，甚至开有连锁店，揉面功夫到家，层层叠叠，细腻柔软。去试过，的确不让前贤。

贵阳包子，不同于北方做法，面皮酥软，才是上品。且颇有几味外地所鲜见者，比如三鲜包子，馅里有肉，还有洗沙，也即是细腻的红豆沙，又甜又腻。十几年前，三桥某个偏僻小街有家卖三鲜包子的小摊，要吃也须排长队。篜出一笼，旋即抢光，遇到前面有个把一买头十个的主，真恨不得夺将下来，均其贫富也。

再有一味富油包子，名副其实，里头一泡油。馅料有白砂糖和肥猪肉丁，讲究的还要放腌肉颗颗，高温使之融为一体，调合出绝妙好味。吃法也不同于一般包子，不能直接咬食，否则烫伤口舌，要用手掰，拿来蘸里面的馅料吃，细细体味其香甜。有个朋友的母亲，富油包子做得一流，她自谦只是舍得加料。当年不懂，现在回想，平实之中有至理存焉。

另外想到的面点是脑髓卷，同样是甜腻之物。今日外文书店旁边小巷里，犹有一家远近驰名者，起码经营了不下二十年，如今卖到五块钱一个，贵是贵些，等排队买到手，一口下去，你就知道，这钱，花得一点也不冤。

话说贵阳人把花卷呼作『脑髓卷』，想想也颇形象，从外观看，的确像是脑髓。外文书店旁这一家，做法也别致，不像一般的贵阳甜花卷，猪油、肥肉丁之外，加上大量果脯，而是更以红枣泥，量足味美，每每路过，必买数枚解馋。甚至赠送朋友，所获皆好评也。

好多东西，记忆里的滋味总是远胜吃到嘴。归根结底是日子好过了。如今营养过剩，生怕长膘，不利健康，三鲜、富油包子乃至脑髓卷，一概敬而远之有年，倒是碗饵糕相对清淡，适合怀旧。

粗茶淡饭乃居家必备

瓜豆菜薹白水煮，无盐无油非忆苦。
蘸水现春糊辣椒，大味至淡宜驱暑。

——贵筑饮食杂咏之十六素瓜豆

菜市犹有小火炉，茄子青椒微烤糊。
再烧一只毛辣角，可粥可饭隽何如？

——贵筑饮食杂咏之十七凉拌烧茄子

瓜豆菜薹白水煮無鹽無
油韭憶苦蘸水現舂糊辣
椒大味至淡宜驅暑
其十六

菜市猶有小火爐茄子青椒
微烤糊再燒一隻毛辣角
可粥可飯雋何如

貫十七

路子墨阳／绘

【拾贰】

钱锺书先生在他著名的小说《围城》里，借赵辛楣的嘴说过这样一段妙语，『旅行是最劳顿、最麻烦，叫人本相毕现的时候。经过长期苦旅行而彼此不讨厌的人，才可以结交作朋友……』

这是过来人的真实感受。

数年前，跟几个新结识的同事出差，性情都和善肯容让，一路上，相处得颇为愉快。唯一的烦恼是饮食问题——三个同事中，一个不能吃辣椒，一个不吃葱蒜香菜，另一个比较少见，不吃肥肉。古人所说的『众口难调』，总算是亲身体会到了。早餐吃一碗最普通的羊肉粉，买了票排队，就得给老板逐一交代清楚。遇到脑筋活泛的好办，遇到反应慢一点的，端上来就满不是那么一回事了。要不就是要纯瘦肉的一碗忘了搁葱蒜，要不就是没加辣椒也没放葱蒜……

这位不吃肥肉的朋友，据说只是天生的生理反应问题，倒并非出于自觉。

近些年，素食当道，朋友中弃肉而去的越来越多，不少还是年轻人，不由得叫人感喟世风迁变无常。

我自幼无肉不欢，而且还不太瞧得上肉丝肉末之类，非得一坨坨的大肉，才眉开眼笑。一锅红烧肉、个把蹄髈，轻轻松松消灭，不是下饭菜。总觉得和小时候难得吃顿肉有关，养成个见肉不能淡定的性格。

偏爱食肉者往往都对素菜敬而远之，以至于遇到食素的先生小姐们，不免有点抬不起头来，仿佛自己这样就是『亲小人，远贤臣』。

身边茹素的朋友不少，且有渐增之趋势，其中，因学佛而持戒者不在少数，好在大多并不挑剔，遇到锅边菜，也能正常动筷子，不至于滴荤不沾。而依据则传出自《六祖坛经》，里面记载慧能的事迹，说他『后至曹溪，又被恶人寻逐。乃于四会，避难猎人队中，凡经一十五载，时与猎人随宜说法。猎人常令守网。每见生命，尽放之。每至饭时，以菜寄煮肉锅。或问，则对曰：但吃肉边菜』。

佛教中关于荤素的概念，跟时下一般人所理解的不同，说起来颇费笔墨，这里只讲一桩，即戒绝肉食，是汉传佛教的特色，为梁武帝时代开始提倡推行，迭经讨论，多次反复，终于为后世接受，遂成制度。

而我们读慧能的故事亦可知，至少在他生活的唐代，佛教徒吃素已经非常普遍地被认可，故而在情势所迫的前提下，吃点『肉边菜』还得郑重地找个说法，以免为人诟病。岔开来讲个故事，素食的朋友中，最让我佩服的一对夫妻，不仅身体力行，生下子女也至今未开荤，某次聚会，谈到这事，两口子很得意，觉得孩子健康成长，全托素食之福。我倒有些不以为然，最起码的，直接剥夺了小孩子吃肉的权利和选择，窃以为不妥。

时值盛夏，胃口不彰，倒正是吃素比吃肉要多些的季节。我个人偏爱的一个消暑开胃美食，是黔东南的酸汤，煮入多种蔬菜，放置待凉，餐前上一大钵，酸辣适口，烦热尽去。跟吃素的朋友不好比，遇到我这种非肉不欢的夯货，酸汤喝将下去，目的还在于勾出肉欲，显然地是偏离了素食的正道。

话说回来，也并非不喜欢吃素，吃货的标准，还是以味道论高低。最近几年，吃到过几餐算是惊艳的素食，至今怀念。

其中一家，是高雄著名的佛光山佛陀纪念馆，颇多素斋餐厅可供选择，最后在佛光楼一滴点餐，妙处是中西结合，日式韩式美式中式皆有，且不违和，推荐的菜品中，有一味面条尤其绝妙，可惜已忘其名，倒是记得须加巨量的醋，估计也系秘制，酸，但爽口之极，单吃的话，大概一碗打不住。再一家，是杭州的永福寺，就在更著名的灵隐寺背后不远，万木苍翠中，不算太大的一座庙宇，青瓦红墙，雅致无比，先到禅房吃茶，中午则直接延入膳房，方桌木凳，不多时几大碗素菜便端上来，无非菘笋蕈蒿，萝卜豆腐之类，粗茶淡饭，味道却都可口，也许更难得的是气氛都对，所以吃起来便更具风味。同行中，颇有不喜食素者，居然也食指大动，连吞两大碗白米饭，从头到尾叫好不迭。

总结一下，我不反对素食，甚至是全素食，但前提得做得好。水准够的话，我不介意天天吃，虽然也未必能坚持——有前车之鉴——好友某生，吃素三年，某日路过菜场，闻到扑鼻的炒脆哨香，再也把持不住，买了半斤回家，一气干掉，重归我们普通人的怀抱。至少对我来说，从此见面压力小多了，喝酒吃肉，泡茶解腻，岂不快哉？

不过，生为贵阳人，有一味素菜我却情有独钟。这便是素瓜豆。

素瓜豆做起来简单无比，新鲜小南瓜、棒豆、莲花白煮成一锅，不添任何调料，弄个素辣椒蘸水上桌，清新解腻。尤其在夏天，贵阳人的餐桌上，少不了这道菜。

某次在北京出差，时间长了些，忽思故乡饮食，几家贵州所设的办事处，去一趟都不方便，索性在附近觅一家小馆子，恳求厨师煮碗素瓜豆，比比划划说了半天，对方似乎已经完全会意。端坐候了片刻，小伙计从厨房捧出一大碗来，汤上面却漂着一层油花，尝一筷子，居然还放了盐。再做，还是有盐味。第三次端上桌，终于搞对了，但吃起来还是有些说不出来的不对劲。

亲戚从上海来，到家里吃饭，点名要煮一钵素瓜豆，问难道在外地做不了这个菜么？答曰，买不到这种味道的贵阳棒豆。看来同是一味菜，正如《晏子春秋》所云：『橘生淮南则为橘，生于淮北则为枳，叶徒相似，其实味不同。所以然者何？水土异也。』

吾乡素食，还有一个值得推荐的青椒烧茄子。茄子吃油，一般的做法，重油浓酱红烧之，其味乃美。贵阳人则不然，以前家里有炉火，自己烧制，如今多半都是买来吃。做起来也简单，青椒、茄子、西红柿，放在小火炉上烧熟，青椒、西红柿去皮，前者与茄子一道，撕成细条，后者捣碎，加酱油、盐巴、糊辣椒凉拌，不要其他菜，就这样便能吞下两碗白米饭。

需要多说几句的是诗里面讲到的『毛辣角』，即西红柿，也就是番茄，顾名思义可知是舶来品，且来得一定不会早。如今已成学界共识的是，辣椒大概在明代才传入中国，而西红柿则更晚，细察其名，『毛』在贵州话里有大个、大只之义，想来当年本地先辈见到这红彤彤的玩意，以为是更大只的辣椒，因以命名。

外地人不太能接受这样的素食法，说白了还是习惯使然。身为贵阳人，从小就吃素瓜豆，从味觉到肠胃，都已适应。有个长期在北方工作的老友，是文艺男一枚，几年前在贵阳待过一段时间，据他回忆，『一盆素瓜豆汤、一碗苞谷饭几乎成为每天的必修课。我眼里嘴里的素瓜豆与蘸水：一盆大，一碟小；一头青绿山水，一头酽墨；一口清甜，一箸糊辣；一边家常，另一边下饭，是知白守黑的绝配的朴素山水画』。

中国的传统农业社会，讲究时令，不同季节，有不同的吃食，即便是相对产出较少的冬季。虽说，没有多少人会真正喜欢冬天，处处萧瑟，人人蜷缩。然而四季轮回，毕竟自然规律，抗拒不得，于是安慰自己，编几条理由说冬天的好处，比如，冬夜宜拥被读书，宜围炉火锅，宜煮茶闲话，宜回笼一觉……说白了，本质上都是一件事，即天寒地冻，想方设法找个稍微温暖点的地方待着，这哪是歌颂冬天，而是在逃避寒冷。

不过，冬天也自有其真实的享受，比如吃。

讲究时令的结果，是什么季节吃什么，不吃什么，多少都有些说道。不要误解，不会谈药膳煨汤之类冬令进补的法门，没有那么腐朽。我所说的，只是一点平常老百姓的小小乐趣，且非本地土著难以引起共鸣。

贵阳入冬后，有两味妙不可言的菜品方始上市，一个是菜薹，一个是红油菜。菜薹可油炒可素煮，甘甜清香，无可比拟。红油菜则炒食最隽，糖醋味，加足量的筒筒辣椒，别的菜都不需要，下白饭，可尽两大碗。

菜薹素煮，特别地值得一说。每到冬季，贵阳的普通家庭，这个菜差不多天天吃。酒桌上，耳热面红之时，端上一大钵来，几乎人人喝彩，须臾便罄，素汤都喝干，再添一份，也是常事。

还有一味非常适宜素煮的东西是萝卜，冬天的萝卜甜而脆，北方人择其佳者，削皮之后切片切块，直接当水果吃。贵阳人也将其白煮了上桌，一样清甜去火。再有一个羊角菜，四川人唤作儿菜，就是拿来做榨菜的那种原材料，素煮了吃，往往也是一钵打不住。

事实上，挑食或者偏食，颇有科学道理可讲，据说牵扯到一种叫做『蛋白酶』的东西，阿城在《常识与通识》一书中有很细致入微的描述，『人还未发育成熟的时候，蛋白酶的构成有很多可能性，随着进入小肠的食物的种类，蛋白酶的种类和结构开始逐渐形成以至固定。这也就是例如小时候没喝过牛奶，大了以后凡喝牛奶就拉稀泻肚。』这话说得极有道理，我奶奶岁数大了，胃口不行，医生说她的营养有些跟不上。为尽孝道，我费尽口舌劝说她订了一份牛奶，每日当药服用，孰料奶奶每饮牛奶必致腹泻，于是本来就不怎么样的营养状况似有每下愈况之嫌，搞得我煞是内疚。

其实，人对于食物的不适，不单是嘴巴也包括肠胃。时下流行的重庆火锅，滋味的确美妙，只是我吃一次便会小小地拉一次肚子，尽管如此，仍然乐此不疲。如果要拿朋友打个比方，重庆火锅差不多算是个损友，虽然为人不雅而且过于胡闹，交往起来却颇有乐趣，于是也就时常过往，不舍割弃了。《围城》里很有些地方用到类似的比方，方鸿渐瞧不起李梅亭的为人，也说，『李梅亭这种东西，吞下去要害肚子的』。

人和食物的关系，其实也可以套用前面钱锺书先生关于旅行的一段文字加以阐发，『经过长期饮啖而彼此不讨厌的食物，才可以称之为居家必备……』

所谓山珍海味谁也抗不住天天吃，反倒是粗茶淡饭不易厌倦，道理就在于此。对我这种走在『油腻中年』边缘年纪的『怪蜀黍』来说，多食素煮蔬菜，倒有可能是一味也许有效的解药。

花生佐酒

难言正宗　何谓传统

捏团糯米慰空肠，一勺红油一勺糖。
俏立街头挑脆哨，呵寒捧手娇女郎。
——贵筑饮食杂咏之十八糯米饭

砂锅煲饭快火烧，饱浸油脂锅巴焦。
嚼来费尽吃奶力，牙巴骨喊吃不消。
——贵筑饮食杂咏之十九砂锅饭

洋芋捣泥烙成粑，老妪叫卖墙旮旮。
再添一碗白米饭，凉拌萝卜随便加。
——贵筑饮食杂咏之二十洋芋粑

大白馒头烤焦黄，少费滋味绝可尝。
人呼此是土汉堡，怜他不得登殿堂。
——贵筑饮食杂咏之二十一烤馒头

捏團糯米熨空腸一勺紅油

一勺糖俏立街頭挑脆哨

呵寒捧手嬌女郎

其十八

砂鍋煲飯快火燒
飽浸油脂鍋巴焦
嚼來費盡嬰奶力
牙巴骨喊吃不消

史十九

之江

洋芋搗泥烙成粑老嫗叫
賣牆旮旮再添一碗白米飯
涼拌蘿蔔隨便加

其二十

大白饅頭烤進黄少貴滋味
絕可嘗人呼此是土漢堡
憐他不得登殿堂

甘廿一

江熙克／绘

【拾叁】

小吃不完全等于零食，零食不能当饭吃，小吃可以。虽说多多少少有一点临时将就，应付一顿的意思，但说到那种满足感和舒适度，一餐合适的小吃下肚，未必亚于正襟危坐，三菜一汤。

可举的例子正多，不多举，举四例。

头一个糯米饭。在我心目中，糯米饭略近于女性或女性化男性的选择，当然这是偏见，做不得准。近年来，城市管理越发规范化，街头小摊陡减，尤其是卖糯米饭此类器具较为庞夯的，大铁锅一口必不可少，烧好一锅糯米饭，上面是一层蛋丝、香肠片之类的配料，下面还得有明火，又笨又重，城管来了，一准跑不脱。所以也便日渐凋落了，这是市容市貌的进步，却换来了吃货们的一声叹息。

贵阳糯米饭通常只做早点卖，舀一勺放在塑料布里，捏出一个窝窝来，放入油辣椒，再加一匙白糖。这匙白糖很重要，体现了贵阳人来自五湖四海，不拘一格的那种创造力。在甜味和辣味融合中，似乎又彼此帮衬，非常有特色。

贵州师范大学严奇岩教授著《竹枝词中的清代贵州民族社会》一书，说贵州民族饮食方式的特点之一，『是吃时不用筷子，用手将饭捏成团食用，称为「吃抟饭」』，这在民国时编撰的《台江县志》中有记载，『食惟糯米，不尽用匙筯，半以手捏团食之』。

严先生还引用了不少古人所作的竹枝词佐证，譬如，刘韫良《牂牁苗族杂咏》：『香粳抟来香满手，囫囵抟紧囫囵吞。』『勺抟饭紧圆为弹，抛向空中仰面吞。』

我猜想，贵阳糯米饭抟作一团，捧而食之，其风俗的由来，大概跟本地少数民族的饮食习惯有些关系。

朋友语我曰，六广门有一家糯米饭，贵阳第一。去瞻仰了，队排得是够长。有人一买十几坨，说是拿回家，放在冰箱里，每天取一坨，加热后当早餐。郑重有如此，足见名不虚传。

据说古早味的糯米饭不是这样，不是放酱油，而是红油，里面所放的脆哨也做得更讲究。余生也晚，没赶上，若是赶上了，说不定也就多了一个惦念。现下贵阳还常见贞丰糯米饭，油汪汪地一大锅，加上几片叉烧，舀勺辣椒，做得好的，也颇为可口。

再一个锅巴饭。传统的做法，特制煤气炉，密密麻麻几大排，至少头二十个火。小砂锅装米加水，大火猛烧，适时放入香肠、肉片、烧鸡、鸡蛋、蔬菜等物。焖熟了，取一盘子，砂锅放上去，颤颤巍巍端到面前。浇上油辣椒，一勺一筷，左右开弓。

锅巴饭最妙之处，在于那一层厚厚的锅巴，吸足了油脂和配料的味道，勺子舀起来，逼近嘴边，另有一段焦香入鼻，勾起无限食欲。咬在嘴里，嘎吱嘎吱，够得你嚼半天。牙口不好者，轻易莫尝试。

以前工作的单位附近，贵阳医学院背街上，有一家砂锅饭做得不错。可选择的口味也多，我偏爱加了盐菜丝的柴火砂锅饭，百吃不厌，可惜是锅巴嚼不太动了，只能浅尝辄止。每次看到老板收拾碗筷，锅里还存留着的那一层菁华，心痛不迭，却又莫可奈何，心里便生出一阵『挥泪别宫娥』的忧怨来。

砂锅饭不是贵阳人特有的，好些地方都有，只是难得有机会尝试。前不久去广州出席一个当代艺术展，开幕式后的晚宴，主办者有心，从顺德请了一票据说上过《舌尖上的中国》的民间大厨来，有一味主食便是砂锅饭，我去看他们做饭，大为叹服。一个灶眼对三个砂锅，成『品』字形放在一个圆盘上，一开火便自动旋转，饭熟加料拌匀再稍煮片刻，上桌犹烫不留手，连舀三碗，须臾便尽。

还有洋芋粑。

此味寻常见，多在墙角角。

洋芋粑也就是洋芋煮熟捏碎弄成圆圆的粑粑状，放到烙锅上烙来吃。烙的当然不止于洋芋，还有臭豆腐等等，要吃炒饭、炒粉，烙锅中间清出一片空地，三铲两铲便得。不喜欢太油腻的主食，配碗白米饭，也颇为相宜。

话说洋芋粑极糯，一度传闻说里面还要加少许糯米面，我倒不大相信。洋芋本就富含淀粉，加工得宜，原有黏度。烙好后，铲起来，盛进小碟子里，淋上甜酱，撒细辣椒面而且还是加了花生一起研磨的那种辣椒面，再添一大筷酸萝卜丝，确是下饭的不二隽物。

洋芋粑多与臭豆腐同售，嗜臭的食客，不妨再点上两块佐餐。遇见臭中极品，吃进嘴巴，那股子穷凶极恶的臭气直顶鼻端，几欲冲鼻而出，一再镇压，方才皈依伏法。旁人不晓得，就在这短暂的片刻时光，你口中已经历若干复杂交战，嗔怒悲欢，终归平淡。

最后说说烤馒头，这是贵阳一景，至少曾经是，现在好像街头上少见了。不算特别大的圆馒头，放在炭火上，烤到两面焦黄，当中一刀，划开来，塞进折耳根、辣椒、酸萝卜、海带丝等配料，一冷一热，形式上像是汉堡包，不过吃起来口感变化更多样，味道也更接地气。买一个，塑料袋包好，露出一角啃食，可说是临时充饥的妙物。

印象中，烤馒头的发明比较晚近，好像算不得贵阳的传统小吃。不过，所谓传统，原本难言。一代人有一代人的传统，一代人有一代人的记忆，每个人所以为的传统，都不一样。街头巷尾，标榜『正宗』的小吃不少，虽说是招揽生意的噱头，却也处处流露出唯我独尊的自豪。写这组文章，多少有这么一个意思，即消除关于小吃乃至于文化的狭隘见解，盖饮食跟人的流动和交融息息相关，于是乎也就不断演变创新，越发地丰富多彩。如果只找那些所谓根正苗红的小吃才着笔，大概不现实。

吕叔湘译罗伯特·路威先生的《文明与野蛮》，他在后记中写道：『文明不是哪一个或者哪几个民族的功劳，而是许多民族互相学习，共同创造的。』小吃虽小，也是人类文明发展的一种结果，当然也要『互相学习，共同创造』，不会例外。

各自安好

折耳根之名与实

叶短茎长味苦腥，或云食此避时瘟。
黔人岂学巴人样，事事能为咬菜根。

——贵筑饮食杂咏之二十二折耳根

葉短莖長味苦腥或云食
此避時瘟黔人豈學巴人
樣事、能為咬菜根

其廿二

殷维骏／绘

【拾肆】

折耳根不算是小吃，但却堪称贵阳小吃的最佳伴侣。屈指数来，一味折耳根，帮衬了多少美味。不写写它，心里多少有些过不去。

贵阳文化路有一家倒闭多年的面馆，一度通宵营业，十几年前，在单位上长夜班，凌晨两三点钟报纸付印后，经常去那宵夜。各种面条米粉，任君选择，且不啰嗦了。有个特色，即总有一大盆折耳根拌好供顾客免费取食，有味耐嚼，极受欢迎。据云，以前只不过是备的卤菜佐料而已，里面的折耳根，少顷便捞得一干二净，于是索性拌它若干，取之不尽，满足人民群众的需要。

折耳根通常凉拌来吃，但也是贵阳人做蘸水时缺少不得的配料之一。豆腐果、豆腐圆子乃至洋芋粑、烫菜、糯米饭、烤馒头、油炸臭豆腐等等，莫不借助折耳根复杂其味道，丰富其咬口。

差不多可以这么说，折耳根演主角，一定是它的独角戏；不演主角，它照样抢戏。

一切都源于折耳根那独特的味道和口感。据我所知，大江南北，大约只有川、渝、黔三省市，对鱼腥草情有独钟。所不同者，川、渝食其叶，黔人粗鲁，吃其根。

话说折耳根名目甚多，今贵州人多用此名。只是据我所知，也有写作『侧耳根』『择耳根』『则尔根』乃至『猪鼻拱』者，而其古名，或当是『蕺』。

说是托某种流行病之福或者不妥，反正这几年折耳根忽然间名声在外。起因是卫生部门推荐，谓其有防感冒之奇效也。只是，推广起来，可能甚有难度，这也还是源于折耳根那独特的味道和口感。

正宗四川人流沙河先生曾作《鱼腥草古名考》，文中说：『鱼腥草的根，另名蕺儿根。可以推想，鱼腥草古名蕺。草字头下面的戢，表音兼表意。《诗经·时迈》：「载戢干戈，载櫜弓矢。」毛传曰：「戢，聚。」此草聚集而生，所以古人名之为戢，加个草头，不亦雅乎！』

老先生接着又说，蕺儿根还有一个名字当作『菹』。

查安徽人鲍山著《野菜博录》，其『菹草』条云：『一名水藻。生陂塘水泊间。茎如粗线，长三四尺。叶形似柳叶，狭长，似蓬子叶。根粗如钗股，色白。味微咸。性微寒。』

《救荒本草》则说，菹『叶形似柳叶而狭长，故名柳叶菹，又有叶似蓬子叶者。捞取茎叶，连嫩根，拣择洗淘洁净，油盐调食，或加少米煮粥食尤佳。』

照这两本书里的说法，菹好像是另外一种植物。流沙河解说，『菹在这里表音又表意。此草生在沮洳（烂泥塘），所以古人名之为沮，加个草头，不过宜注明有异味，免致北人妄尝，作三日呕』。似乎尚可商榷。

不过，食折耳根『作三日呕』者，又岂止是北人哉。

自诩『什么都吃』的汪曾祺，当代大作家也，走南闯北，的确算是位口味庞杂的主。对贵州折耳根，居然也敬而远之。他写文章回忆说：『有一个贵州的年轻女演员上我们剧团学戏，她的妈妈不远迢迢给她寄来一包东西，是「择耳根」，或名「则尔根」，即鱼腥草。她让我尝了几根。这是什么东西？苦，倒不要紧，它有一股强烈的生鱼腥味，实在招架不了。』

清人吴其濬著《植物名实图考》，也提到折耳根，凡二条，一列入蔬类，一列入隰草类。

其一〇三条『蕺菜』，与流沙河的考证完全吻合，『蕺菜，《别录》下。即鱼腥草。开花如海棠，色白，中有长绿心突出，以其叶覆鱼，可不速馁。湖南夏时，煎水为饮以解暑。《尔雅》：蕺，黄蒢。《注》：草似酸浆，华小而白，中心黄，江东以作菹（菹）。《通志》以为即蕺，蕺、蘵音近，其状亦相类。《吴越春秋》：越王尝粪恶之，遂病口臭。范蠡令左右食岑草以乱其气。《注》：岑草，蕺也。凶年饥民劚其根食之。《齐民要术》有蕺菹（菹）法。今无食者，医方亦鲜用。唯江湘土医莳为外科要药。《遵义府志》：侧耳根即蕺菜，荒年民掘食其根。《本草》：味辛。《山阴县志》：味苦，损阳消髓，聊缓沟壑瘠耳』。

其五八〇条『鱼腥草』则谓：『鱼腥草，生阴湿地。细茎短叶，秋作细穗如线，三叉。天阴则气腥，马不食之。实极小，歉岁则茂。北地谓之热草，亦采以充饥。』

吴其濬两处记载中的描述，都与我所认为的折耳根有相近之处，比如『生阴湿地』，可『煎水为饮』，味苦辛，等等。只是所绘二图，似是而非，俟考。不过，《尔雅》《通志》乃至《说文》皆北人所著，正如流沙河所说，『未见过鱼腥草，不知其详』也。吴其濬是河南固始人，先后任翰林院修纂，江西、湖北学政，兵部侍郎，并官至湖南、湖北、云南、贵州、福建、山西等省总督或巡抚，如果不是正巧曾在西南地区做官，恐怕也未必能识此物。其所征引的古说，不尽可信，不足为奇。

话说回来，黔人嗜食折耳根，究竟到何等地步。有报道说，光是贵阳一地，每天就要消耗两万斤之巨，够有说服力了。贵州人吃折耳根，多取凉拌，至少我小时未见其他做法。以腊肉切丁、加辣子同炒，似是后起烹饪发明，远不如凉拌有味。

由折耳根联想到的还有一味重要调料，曰苦蒜。姚华差不多九十年前所写的《黔语》有载，『贵阳人喜食苦蒜。其大如樱桃，小似豌豆，生山谷间。苗家采之，以鬻于市，呼为苦蒜。以与大蒜相形见绌也。苦，盖如苦窳，非其味苦也。予初至北平，尚未见此味，近二十年，市上亦成一品，皆贵阳人开其端。北平呼之曰野小蒜，盖小蒜之野生者』。

苦蒜一般多用于做蘸水，添此一味，与所蘸之物同嚼，香气特出。我个人偏爱的还有一个做法，即与肉末、糟辣椒同炒，极其下饭，如有剩余，次日清早煮面条，直接倒进去拌匀，美味无敌。

抄书至此，告一段落。据说，过去贵阳人的婚宴，一般不上折耳根这道菜，原因是谐音『折尔根』，显然地不吉利。这是民俗，应该尊重。但相对而言，我宁愿用『折尔根』一名。有声有色，情景宛然。外地人或不知所谓者何，吾乡土著当知此说不欺也。

心欠欠是好滋味

黏汁搓出凝琼浆，销夏隽品亦寻常。
果脯切细花生碎，讲究须加玫瑰糖。

——贵筑饮食杂咏之二十三冰粉

黏汁搓出凝瓊漿，銷夏雋品上尋常。
果脯切細花生碎，講究須加玫瑰糖。

其廿三

文译翎／绘

【拾伍】

冰粉籽不知何物也。儿时见大人做冰粉，取纱布包之，置凉开水中，双手揉之良久，搓出的汁水，暂放一旁，候其凝固。同时准备好芝麻、花生、葵花籽和各色果脯，调制红糖水一大钵，吃时再加入少许玫瑰糖，的是解暑消渴恩物也。

社会进步的结果之一是分工细化，什么东西有人需要，便有人生产，并且销售。于是这一类家制食品，似乎也就失传了。

花溪青岩镇，就有几家冰粉做得颇佳。比较特殊的是黑冰粉，据说是冰粉籽的品种不同所致。吃在嘴里，倒区别不大。贵阳饮食，往往偏辣，冰粉佐之，恰可中和，所以经营火锅、烤肉、丝娃娃、烙锅、烫菜等的摊位，多半都会兼营冰粉，要不然，就会有小贩挨在旁边叫卖，仿佛唇齿相依。

冰粉我还不甚怀念，最思之欲狂的，乃外婆所做的宁波汤圆。有时在电视上看到汤圆广告，大打亲情牌，连名字也都往那个方向取，什么思念、外婆家之类。受其蛊惑，买来吃了，却满不是那个味。

冰粉亦然，说白了，植物胶质耳，其实并无特殊滋味，滑腻腻地吞下去，再加上一大勺子色泽可疑、滋味堪忧的果脯，要说美味得货真价实，跟汤圆远不止差一个等次，偶尔怀念，恐怕未必全是因为美食本身。

换言之，存留在舌头上的很多滋味，往往跟某一年龄阶段的记忆相掺杂，有个朋友在微博上留言说：『大半夜的，看得流口水了。其实很多美味都留存在想象里和记忆里，真的见到反而不想吃了。』我甚至认为，心欠欠是最好的状态，记忆和想象会不自觉地帮你美化那些曾经的饮食，让你误以为新不如旧，今不如昔。

所以说，吃这回事，从来就不是单纯的味觉感受。

与冰粉相类似的贵阳冷饮，我更中意冰浆。二十多年前，就读贵州大学时，街上有家小保冰浆，就在王记、飞碗牛肉粉的边上，名气超响亮。量多料足，且可以不同口味，自由组合，一年四季，只要荷包不太羞涩，时不时就会去弄一杯过瘾。这是属于青春岁月的回忆，前几年大学同学聚会，好些人都提议故地重游品旧味。可惜，当年风物犹依稀，但也只不过略食数口，心还热，胃已受不了凉。

再一个与童年挂钩的记忆是春节，老见到有人深情回眸，无比眷恋。我也免不了俗套，每到过年，总难免与人喟叹一盘。而春节的陈年旧事，一多半都跟吃食有关。自少年时代，便爱读周作人的诗文，喜其清淡中能见唏嘘之意。差不多十二三年前，仿其回忆童年的杂事诗体，写过一首长长的打油诗，耗费了大概两天左右年终总结会的无趣时光。诗中绝无微言大义，有的，只不过是一点儿时的记忆。抄在下面——

忆昔过年节，小儿有所盼。
小儿何所盼，三十年夜饭；
餍食尽一饱，终年无所憾。
爷娘返家时，市集候农汉；
秤得肥鸡鸭，箩筐装无算。
除夕倏已至，镇日备盛馔；
外婆忙如蚁，絮烦话不断。
事冗虽如此，阵脚毫不乱；
三姨卤牛肉，四姨买葱蒜；
五姨打下手，六姨灶边转；
无暇做午饭，所食甚简慢。
烫粉充饥肠，红油能发汗。
巴巴眼为馋，天色渐昏黯。

圆桌和方桌，长幼各有伴。
小儿缺礼数，争抢八宝饭。
果脯外面镶，红枣中间陷。
扒开糯米粒，洗沙犹香烂。
鸡母囫囵炖，老姨赤手断。
佳肉为我留，长孙最娇惯。
鸡皮佐我餐，鸡翘留我啖。
最喜老舅来，群孩笑脸粲。
烟花与爆竹，人手有一串。
乞得半截烟，出门呼儿伴。
疾如冲天炮，幻化魔术弹。
畅玩无厌已，爷娘频相唤。
童心尚痒痒，娘唤不敢窜。
床上被褥凉，睡梦却烂漫。
自是一岁除，良日称佳善。
冬去又复春，轮转堪嗟叹。
当日小儿皆长成，风物故去无拘绊；
岁俗年年率如此，者般滋味等浓淡。

自觉写得还算平实如话，唯一需要注释一下的是鸡翘，现在的孩子们不一定知道。鸡翘即鸡屁股，典型的贵阳方言，形象生动无比。不知为何居然曾经喜欢吃这个，现在早敬而远之了。小时父母在瓮安工作，每年春节，都要回贵阳过年。临行前，父亲照例拎一杆秤，到西门桥守着，碰到挑着鸡鸭进城贩卖的农民，无论轻重，一元钱一只。便截下来，择其肥美者，买上十几只带回贵阳。

原因在于，母亲一共五姐妹，围绕着一个吃字，每人都有任务，过年的几天内，除了自家人的消耗，还要备足吃食，接待各路上门拜年的亲友。我是长孙，老人外出回拜，多半是拖上我去，虽然不好玩，好吃的却少不了。可惜年幼不懂食事，唯独爱糖果，如今回想，不知错过几多美味。

诗中所写的，是我幼年时家里过年的旧事，桩桩件件，如在目前，我母亲看过，完全认可，没有任何夸张之辞。平仄韵脚或有未谐，懒得改动，如实照抄，大概同龄人会有感触。果能如是，希望你们能记得过年回家吃年夜饭。

春节前后，常见的感叹是说，年夜饭越来越没啥吃头。同意。原因不外乎生活程度提高，不比小时难得一顿好食，于是期待感与满足感都降低到尘埃里，不复短缺年代的渴求与欣喜。但也不尽然，盖因饮食终归不能简单地仅仅在于吃喝，更在于饮食的气氛与情感，非常平凡的一言以蔽之——家人团聚而已。而这个，才是年夜饭真实的意义所在。

前几年读到日本作家新井一二三的《我们这一代东京人》，书中讲到，二十世纪八十年代，经济起飞后的日本带来的副作用之一，『很多东京人的家庭都是在八十年代末的几年里解体的。同时，传统习俗也在那几年里消失了。……父母开始每年都参加旅行团到国外过年去，为了休息，也为了省事。果然，合理化、计算化思考压倒了古来的生活文化』。

读起来似曾相识。没有批评任何人的意思，只是想说，凡尘俗世里的我们，不该忘记这庸常里面深远的味道。

说实话，我还蛮中意这样的假期，走走亲戚，会会朋友，吃吃喝喝，聊聊闲天，无所事事，混混而过，即使胖了三斤又何妨。

讲到知堂老人的儿童杂事诗，我一向喜欢得不得了，字里行间，也是处处离不开吃。上坟联想到烧鹅，立夏吃笋，端午则是石首鱼、枇杷、黄梅、雄黄酒、黄鳝、黄瓜，盛夏时节怀想麻花粥，中秋节思念素夹沙月饼……

每想饮食究竟有何魅力，能让人情深如斯，系念一生。

有时候，不自禁地为那些坚定不移的吃货所感动，比如这位——安徽一朋友来贵阳，我去机场接他，见面第一句话就郑重其事地说：『我待不了几天，每一天，每一顿，都不要浪费，能吃几样算几样。』当然遵命，天天换花样，顿顿不重样，都是路边摊的各色小吃，令到他满意而归，恋恋不舍。

古人早说过，饮食男女，人之大欲存焉。读到的好些饮食文字，也都写得来情爱纠缠，欲罢不能。这到底是何种力量所致，窃以为，究其实还是无比热爱生活，是一种不大健康的生活态度，却是一种绝对健康的人生态度。

『家常』滋味长

风雅无过谭三郎，成都老黄更能狂。
宴客何须燕鲍刺，不比『家常』滋味长。

——贵筑小吃杂咏之二十四家常馆子

風雅無過譚三郎咸都老
黃更能狂宴客何須燕鮑
利不比家常滋味長

其廿四

陈明煜／绘

【拾陆】

所谓家常菜馆，一般来说不过是以『家常菜』为招徕而已。盖因其始终是大锅快炒，重油浓酱，为多数人家户所不能办也。

然而我们还是很有默契地认定了一种专营家常菜的馆子，其特点大致如下——首先当然不能贵，原材料皆普通，随便找个大点的菜场就能买得到，定价得照顾中等收入的人群；上菜必须快，立等可吃，且翻台亦速，可以多做几单生意，所以不需要特别复杂的烹饪技巧，一些费时费工的菜品，要不就放弃，要不提前做好备上；本地老百姓家居经常会有的几味菜，绝对不能缺少，再简单再没有技术含量也得做，否则便名不副实——对于贵阳人而言，这些必不可少的菜品可略举数例，回锅肉、红烧小黄鱼、糟辣白菜、豆豉炒茼蒿、宫爆板筋或肉丁鸡丁……

这种馆子多半不会太大，分布广泛而且便利，毕竟以工薪阶层为主要的消费对象，所以总是无比地贴近老百姓。菜谱大都类似，甚至索性直接看菜点单，任顾客搭配。

某次，敝单位主办的一个展览开幕，浙江省来了好几位重量级的书法家，中间有半天闲空，陪他们去喝茶逛旧书店，耽搁久了些，临时改变计划，改在文昌路上一家小馆子午饭。六个人九菜一汤，风卷残云般一扫而空，速度快到司机因找停车位迟到了十分钟，便得重新加菜了。所费钞票不过两百来元，所费时间不过半小时，大家都满意。一位老师还颇感慨，盖因平时出差，总是机场到酒店到会场，几乎很少有走街串巷的机会，更不要说吃地道的本地口味。

曾在餐饮行业混迹多年的某朋友尝语我曰，有个调侃的说法，传统的八大菜系之外，还有两个菜系，一曰食堂大锅菜，一曰酒店融合菜。我倒觉得，真应该加上一个家常馆子菜，掌勺之人，未必真受过什么特别专业的培训，手艺皆从实践中来，以平头老百姓的口碑为准绳，虽是野路子，不该小看。

我自己的经历亦然，真要了解和亲近一个城市，你得从这些街巷饭桌上入手，否则都是皮毛。所以每到一地，只要有可能，一定要去老城区居民集中的地段觅食，几乎没有失手失望过。至于选择的技巧，非常简单，哪家人多进哪家好了。味道通常不会差，市场规律决定，老百姓用脚投票，质量卫生滋味不咋地的馆子，一准开不长。

另外一个办法，不妨按图索骥。十几年前去香港，带了一本蔡澜的美食专栏结集，既可消磨时光，也权作觅食指南用，他的文章中，颇有不少写到本地的家常小店，而且一概地附了地址电话，有些时过境迁也许不存，但存活下来的也不在少数，逗留五天，居然找到两三家，吃下来都不错，此公靠谱的，不像传闻中只要请他吃，说说好话便不讲原则地都写进专栏。

最近正好在读日本作家池波正太郎的《食桌情景》，姿态很平民地讲美食，其中一文，题为《家常料理》。他写到，『如果家里的主妇们都可以用心料理的话，人们就不会想要花钱去外面买那种像贴着浅草纸一样粗糙的海苔饭团或是那种一点味道都没有的味噌汤了。……我要是一个人出去吃饭的话，一定会选那种以家里的火力、设备和技术无法做到的料理，例如炸猪排、中国的荞麦面、鳗鱼或是寿司这些东西』。

说得有道理，事实上，有些小馆子的出品，即使是火力设备技术更胜一筹，甚或不止的大饭店也做不到，原因是，一盘炒菜，从厨房到餐桌的距离时间至关重要，超过五十米，那种生猛鲜跳的妙处尽失，此之谓火候，时候一过，便不再候。

这就是家常小菜馆的妙处，即看似寻常家居可制，但就是料理不出那个味，原因无他，重油大火，下调料也狠。某次临时找地方吃饭，寻到一处馆子，坐下来，观察了周边几桌食客所点的菜，基本款都与我们这桌一样。可见这几味是他家拿手菜，想起梁文道先生的《味道》，其中有一篇题为《中菜馆里的常餐A》的文章写到：『一个厨房不应过于分散注意力，花太多的金钱去买过多的备用食材，耗太多的工夫去准备不同的烹制程序，反而该集中精力进最佳的货，弄最拿手的菜。选择少不是问题，要紧的是一出菜必属佳作。』

不好拿这么高的要求去要求一家小馆子，但道理实在很对。

某次在小馆子里吃到临放筷子时，突然看到老板娘给旁桌端上满满一盆切好的西瓜，红艳欲滴，忍不住大喝一声：『给我们也来一盆！』

老板娘闻言转头，抢白一句：『人家自己买来的。』不会因此生气，这就是家常菜馆的妙处，就算你自己带条鱼、带块肉来，他们也可能会帮你加工，更绝不会有『自带酒水谢绝入内』那种鸟事发生。

家常菜不等于家里的菜，我的朋友圈子里，颇有在家设宴的传统，而我认为，无一例外的，家宴总是胜过下馆子——即使是最好最贵的馆子。

吃饭除了填饱肚子、享受美食之外，也是一种交际方式，食物当然是不可或缺的载体，如果不是为了纯粹的应酬，根本上还是气氛和主客最重要。而登堂入室，皆是交情过硬的朋友，进馆子不免都得稍稍端着，而到家则不同，拖鞋一换，人便放松了一大半。几泡茶喝下来，彻底进入状态。至于主题，完全不用担心，须知，哪家没有几个拿手的菜式端得出手？

有一年足底受伤，不良于行。几个好友相约来家探病，其中颇有一二能下得厨房的高手，于是自告奋勇，连买菜带做，上午遣人送来肥鸡母，嘱咐先下锅炖起，这一锅高汤关系整桌菜的成败，大意不得。早早拟就了食单，毕恭毕敬地誊录好——

凉菜：野薄荷拌韭菜、烧椒擂皮蛋、怪噜花生、炸小茨菇

热菜：煎松板肉片、爆炒猪肝、素卷回锅肉、香辣铁板米豆腐、炒萝卜缨缨、糍粑豆干

汤菜：筒子骨汤焗萝卜

主食：砂锅饭、鸡汤炒米

不待开吃，看上去便已诱人无比。

具体过程，不再赘述，总之卖相略欠，味道出色，尽欢而散就是了。不过话说回来，卖相上有所不足，倒其实是家宴做菜的一大好处，用不着舍本逐末，一心一意把滋味料理出来。还有一个，家宴用材，皆经己手，怎么说也要放心得多。

大概因为类似的缘故，『家宴』亦可成为美食家的招牌，服务于更广大的人民群众。贵阳便有一处非常好玩的『家宴』，取名『就一桌』，主人老朱善烹饪而广交际，我在微信朋友圈里闻名已久，可惜一直不得机缘上门。今年朋友召集，接到通知，开心坏了。上门才知不是宴席而是雅集，主人家约了一群文艺界的朋友搞小型的家庭音乐会，只以简餐宴客，虽说古人可以闻韶而三月不知肉味，我毕竟世俗，不免小小失望。倒是翻看了留存的菜谱和食客名单，发现大量熟悉的名字，一一记在心里，有这等好事居然不叫上我，未免不够朋友……

当然是玩笑话。话说回来，以『家宴』为招徕的做法倒还真是古已有之，碰巧读到《一氓书缘》，里面引用伦明伦哲如咏『谭家菜』的诗云：

玉生俪体荔村诗，最后谭三擅小词。
家有籝金懒收拾，但传食谱在京师。

谭莹字玉生，广东南海人，工四六，子宗俊，字叔裕，有《荔村诗集》。谭家菜的主人谭瑑青，就是叔裕先生的三公子，擅长填词。谭家菜以鱼翅著称，有点像会所制，不允许点菜，食单、人数和价目皆由主人定，吃时须留一席给主人家。风雅之至。

就我所知，至少还有一位，是民国时期四川人黄敬临，他从县官任上致仕后，开办『姑姑筵』，每日限定桌数，须提前亲临预订，所请何客，黄氏事先过目，非其人则婉拒。车辐著《川菜杂谈》载，少帅张学良到成都，四川省主席刘湘点请其要吃『姑姑筵』，上门去问，方知已为王元甫预订，只好『以南池之水，救北地之焚』，请人居间协商，在蓝氏荣乐园另外安排一桌，以为调换，这才宴请成功，『宾主尽欢』。

如说省主席面子不够大，来头更大的，黄氏也一视同仁。据传蒋介石曾包四桌，吃后赞赏不已，又令次日再来，竟为其当场拒绝，认为必须提前三天预定，不合规矩，恕难办理。蒋氏居然也无可奈何。

故事讲到这里，想起前几年名噪一时的话剧《蒋公的面子》，倒觉有异曲同工之妙。顿觉其人不单风雅而已，甚至还颇具风骨。

花生佐酒慰平生

冬来最苦湿侵骨，绍酒驱寒剥『半空』。
旋饮旋烫劝加饭，乌梅有味是家风。

——贵筑饮食杂咏之二十五花生米

冬來最苦濕侵骨紹酒驅
寒〻剝半空旋飲旋燙勸加
飯烏梅有味是家風
其廿五

周永林／绘

【拾柒】

某一年秋冬之交在京培训，长达一月，久违住校生活，倒也有些新鲜感。学校在城市西北角，邻近某首著名民谣唱到的那个『安河桥』。说来也巧，恰在那几天，歌者被无处不在的朝阳区人民群众检举揭发，还闹出些丑闻来。

话说学校地处偏僻，夜里甚为冷清，时已入秋，更觉萧索。

一向不大吃宵夜，附近也无多少选择，偶尔起意，便去门口小超市买一包咸干花生，混混嘴巴。花生于我是隽物，价廉易得，嚼之有味，又还不至于增脂添肉。

以前读回忆旧北平的文章，比如周作人就介绍过光绪时人所编的《一岁货声》，『记录一年中北京市上叫卖的各种词句与声音，共分十八节』，其中一段，便讲到，『卖花生者曰：「脆瓤儿的落花生啊，芝麻酱的一个味来，抓半空儿的——多给。」这种呼声至今也时常听到，特别是单卖那所谓半空儿的……大约因为应允多给的缘故罢，永远为小儿女辈所爱好。昔有今无，固可叹慨，若今昔同然，亦未尝无今昔之感，正不必待风景不殊举目有山河之异也。』

解释一下，所谓『半空儿』，是花生里的残次品，颗粒不饱满而瘪壳的那一种，因其不值价，成为过去穷人家的恩物，花少少钱可得一大堆。金云臻《饾饤琐忆》里讲得非常细致：『「半空儿」是个带形容性的词，也是破裂、瘦小花生的代词，更是过去北京土著人家不分大人小孩都喜欢的闲食。……它的来源，一部分是收获后期的落藤货，一部分是场上的扫场货，还有一部分是仓库里的扫仓货。』

这文章读过便难忘。盖饮食之物虽微，其中趣处却未必只与口腹之欲相关。而我之所以偏嗜花生，大概是认为，这是一种特殊的食物，宜喧闹，也宜独处。

推杯换盏之际，无论再多山珍海味，喝到酣时，加一碟油炸花生米总是惯例，虽说只是几乎最不值钱的菜肴，然而别的东西吃不动，唯此物佐酒最妙，而且能调难调之众口。富贵贫贱，豪包地摊，了无分别。

而灯下读书喝茶看美剧，亦可与斯物相守，一袋咸干花生里，往往也有那么几个『半空儿』，更入味耐嚼，反比饱满的吃来带劲。

贵阳本地，我偏爱蔡家街的一家小小干货店，且从来只买其中一种不带壳的炒花生，取材则贵州铜仁所产，红皮个小，滋味却特别地香一些。十二块钱一斤，通常我只买十块钱的，晚上就着茶，抓一小把慢慢吃，能消磨一周，想不出还有什么更便宜的零食堪与相比。

时代进步，物质丰富，可选择的坚果类食品越发多样，但开心果、榛子、松子之类，总嫌其味道太香，不像花生朴实。还有一个大概一般人会觉得奇怪的理由，是一袋花生里，十颗八颗里，总会有一颗特别香甜，于是便有些意想不到的妙趣，所谓期待之乐是也。

花生又名『落花生』，许地山先生有同名散文收入小学语文课本，遂广为人知。清人吴其濬《植物名实图考》有记，『落花生，详《本草从新》，处处沙地种之。《南城县志》：俗呼番豆，又曰及地果。《赣州志》：落花生一名长生果。花落时根下结实如豆，性与王瓜相反，不可同食』。

没有试过，不知花生与王瓜一起吃会怎么样。倒是记得据说金圣叹临刑前给儿子的信中说：『字谕大儿知悉。花生米与豆腐干通嚼，有火腿滋味。』语在可解与不可解之间，后人猜度纷纷，到现在还是难明就里。

花生俗名番豆，据此大可判定其为海外舶来无疑，我的印象里，古人诗文，提及此物的确实鲜见，应为明以后传入中国，拣《清稗类抄》，发现一条『清汤花生猪肚』，说是『闽人重视落花生，不若他处之仅视为下酒之果物也。筵宴时，每与猪肚同荐，曰清汤花生猪肚，谓为极有补益之品。意谓猪肚为猪全身最佳之品，花生佐之，大益脾胃也』。今时不单闽人重视，本地坐月子，喜以花生、猪脚同炖，谓可发奶，大江南北，似乎皆遍传矣。

花生的用途甚广，常见的如榨油，此外，亦可做酱，涂抹面包、饼干，滋味亦佳。不少点心糖果，也离不了这一小小颗粒。然在我心目中，还是直接吃最能得味，即使是生花生，久嚼甘甜，别具一种清香。而油炸的花生米，则尤具风味，某年新春，写诗贺岁，便曾提到——

世间风埃总到门，菊梅相唤过前村。
承平且喜无他事，新煠花生腊酒浑。

煠即炸。

二十世纪五十年代，俞平伯先生因《脂砚斋红楼梦辑评》一书罹祸，铺天盖地，都是批评或者说批判之声，既被打入另册，自然门庭冷落。而仍然还会偶尔登门的老友中，便有王伯祥先生，相约漫步之余，就近小酌于后海的『烤肉季』。俞平伯因此而有两首七绝赠友人，其中一首说，『交游零落似晨星，过客残晖又凤城。借得临河楼小坐，悠然尊酒慰平生』。

诗抄在一张旧笺纸上，仅钤一印：『知吾平生。』足见心境。

这诗我素来喜诵，觉其意味无穷，有时私下猜度，两位老人小坐对饮，下酒菜大概就应该是一小碟子花生。

月饼一块寄乡思

此世浮华胜月华，合该鉴史避田瓜。
阖书所想惟一味，厂里新烘素豆沙。

——贵筑饮食杂咏之二十六洗沙月饼

此世浮華勝月華合該鑒
史避田瓜閣書所想惟一味
廠裏新烘素豆沙

其廿六

刘思漩／绘

【拾捌】

诗不咋样，只能说是怀旧。

顾雪卿《土风录》：『饼饵馅以赤豆末红糖炒之，曰豆沙。』知堂老人《儿童杂事诗》『甲编』，有关中秋的一首，即云：『红烛高香供月华，如盘月饼配南瓜。虽然惯吃红绫饼，却爱神前素夹沙。』上面这首竹枝词，便步其韵。此物不是知堂老人的故乡所独有，贵州人也很熟悉，日常小吃中的豆沙窝，所用原料也接近，只是甜馅换成咸馅罢了。豆沙月饼，黔人叫做『洗沙月饼』，对我而言，其记忆可说是甜蜜。

如今爱吃月饼的人大概越来越少了，至少在我身边是这样。好在这几年各种整顿，不良社会风气急刹车，送礼之风已渐刮渐小渐止，过节倒是不必为月饼愁了——不是愁少，而是愁多——说过了，不爱吃，没人吃，反而变成负担。

严格说，倒也不是从来不爱吃月饼。中学时代，学校紧挨着一家三线建设时代自上海迁来的国营大厂，每至中秋前夕，其食堂便大批制作洗沙月饼，供应本厂职工，算是本地的一桩小小盛事。因新鲜而价廉，在那个商品经济还不算太发达的年代，吸引力可想而知。放学路过，那种烤制新鲜糕点的焦甜滋味，一阵阵从鼻孔直达肠胃，堪称霸道。

幸好，同学中有工人阶级子弟，找他们换些饭票，就能买两个尝尝鲜。下课后，排队二十分钟到半个小时，越发饥肠辘辘，好不容易等月饼到手，犹有余温，囫囵吞下，真觉天下美味，莫过于此。

时过境迁，现在偶尔见到洗沙月饼，总还是忍不住要尝一尝，只是早不是那么一回事了。仔细想想，倒也未必是人心不古，做出来的东西不如以前，根本上还是物质过度丰富，再好的东西也勾不起食欲。

话说知堂老人的竹枝词自成一体，钟叔河先生笺释其『儿童杂事诗』，配以丰子恺的图画，堪称『三绝』，上引中秋一首，钟叔河注释说：『素夹沙即用素油做的月饼，红绫饼则用猪油。夹沙谓馅，即是豆沙也。』

类似这样的世情衍化，碰巧就是竹枝词最得宜的题材，我本人偏爱竹枝词，一多半或由于此。唐圭璋为《竹枝叙事诗》一书作序，说这一体裁『无论通都大邑或穷乡僻壤，凡举山川胜迹、人物风流、百业民情、岁时风俗，皆可书写』。周作人自嘲己诗『只是别一种形式的文章』，大约也是就此而言。

依周作人的自述，他所谓的儿童杂事诗之类『实亦是竹枝词，须有岁时及地方作背景，今就平生最熟习的民俗中取材，自多偏于越地，亦正是不得已也』。

竹枝词在传统的诗文里地位不高，原因显而易见，是由于出身较低微。盖竹枝词源出川东、鄂西一带，本是一种可以唱和的民间歌谣，中唐诗人刘禹锡谪居夔州时，作《竹枝》新词若干，流传既广，其体也就盛行于世了。因其形式上较宽松，兼采俚语俗谚入诗，体近打油，有时不免为人所轻视。

对此，周作人也有自己的解说，他在《苦茶盦打油诗》『序言』里写道：『我自称打油诗，表示不敢以旧诗自居，自然更不敢称是诗人，同样的我看自己的白话诗也不算是新诗，只是别一种形式的文章，表现当时的情意，与普通散文没有什么不同。』

清人叶调元著《汉口竹枝词》，也有咏中秋的一首说：『中秋云是闺人节，瓜果中庭礼月华。一路送瓜图热闹，不知喜信应谁家。』自注曰：『俗以端午为小儿节，中秋为妇女节，有送瓜、洗眼、摸秋、叠瓦塔等俗。』

大概各种年节，历来是风俗扎堆的时候，于是，依王士祯的说法，以『咏风土』为主旨的竹枝词，也就特别地留意这一类题材，可举的例子很多，限于篇幅，暂且打住。

任半塘先生的《竹枝考》一文略谓：『竹枝脱胎于民间山歌，所状者风土，所抒者乡思，触事兴怀，游飏远速，黄氏赏其得「风声气俗」之先，诚有之，则曰：竹枝「民歌之将帅」，乃「声诗之将帅」，庶几不枉。』

讲到诗歌，节庆日以诗赠答友好，是吾国传统，由来久矣。古人的诗集里，此类文字着实数量极夥，亦不乏耳熟能详的佳句。只是如入宝山，难免看花了眼，古诗今说，就算会心不远，毕竟也还是远，免不了强作解人。退而求其次，从自己身边说起，可能倒还靠谱些。

时代进步太快，旧诗几乎淘汰入故纸堆中，但朋友中间，还有属意于旧诗词者。只是信早没人写了，问候祝福，手机短信既快又能群发，替而代之，不亦宜乎。友人所写的中秋诗句，一律指头来，指头去，存放口袋中。倘不论诗之好坏，因事关于己，至少是更能识其妙处些，略选数首塞责。

犹记刚进大学时，自修结束，回寝室路上，遇到系上几个风流自赏的师兄，醉醺醺地在那里箕踞而坐。一位师兄叫住我，训话曰：『中文系的传统，风清月白之夜，应该在外面饮酒赋诗……』

抬头看看天，既无风，也无月，师兄又道：『当然，月黑风高，也得出来饮酒赋诗。』再一停顿：『诗不会写，喝酒也成……』

二十多年过去，从少不更事到『心情微近中年』，还是学不来这种狂生做派，加之素不能饮，只好索性一俗到底罢了。

话说回来，月黑之夜，即便是中秋佳节，诗也并非写不得。某年中秋，雨沥如晦，家父短信发来一诗，题《中秋夜无月而天寒感赋》：『中秋夜月应正圆，风紧天寒雨绵绵。也知世事多如此，道是有缘却无缘。』

来而不往非礼也，我虽不擅此道，勉强次韵，凑得四句，算作回复：『中秋无月饼还圆，滋味嚼来只是甜。如此世间堪一笑，卅年尘梦亦尘缘。』

老人家才思敏捷，旋即复我一首：『春水不尽清光园，婵娟千里意长绵。我亦大异前贤趣，人生能遇便是缘。』后面还加了一个自注说：『春水乃元好问句。』

转发给一朋友，很快也有回复：『中秋雨夜人团圆，未尝饼果唇齿甜。足食丰衣国人笑，除旧布新三十年。』

留存至今，偶尔翻看，还觉意味不尽。

手机上存留的中秋诗中，还有一个我颇喜欢的，是大概二〇〇四或者二〇〇五年，好友小查短信发来一首七绝：『晓色临窗月正肥，晨妆未就苦相催。知君颇罢操刀手，帘卷西风学画眉。』

那时候我刚结婚一年多，工作也忙，少时曾学刻章，已多年不弄此道。小查的诗，显然是拿我开涮。依样画葫芦，回复了一首说：『稻香十里秋风肥，叩税拍门莫相催。惟恨诗人为小吏，青蚨唤酒佐青梅。』

我这位师兄，当时供职于桐梓县某乡，人涮我，我亦涮之，也是一种『来而不往非礼也』。

这些年来，春节都没什么年味，遑论中秋。既往不可追，所记犹堪怀，吃月饼，读竹枝词，顺带着也便忆了旧。然而过去的岁月往往被美化，也许是选择性记忆，不好的事过滤掉，不够好的事修饰过，使得我们回头看到，都是好风景。

舌尖上的记忆也不例外。好些年前，还处在未婚大龄青年阶段，周末正准备外出，我母亲一把拉住，『今天晚点出去，陪我看中央六台，正在播我老给你讲的那部《青春之歌》，太好看了』。不好意思拂她的兴致，坐下来满怀壮烈、心不在焉地陪看，不到半小时，老妈起身，关电视，往外轰我，纳闷，『你去吧，我记得这老电影挺好看的啊，怎么现在也看不下去了』。

大抵如此。味觉与视觉的记忆，可能是相通的。一般的解释，是认为以前物资缺乏，于是随便弄到点什么东西，都觉得稀罕，都觉得香，都觉得好。承认有这个因素，但另一方面，名作家阿城还有个说法，写在他的《常识与通识》一书里，『老华侨叶落归根，直奔想了半辈子的餐馆、路边摊，张口要的吃食让亲戚不以为然。终于是做好了，端上来了，颤巍巍伸筷子夹了，入口，「味道不如当年的啦」。其实呢，是老了，味蕾退化了。老了的标志，就是想吃小时候吃过的东西，因为蛋白酶退化到了最初的程度。另一个就是觉得味道不如从前了，因为味蕾也退化了』。

按照阿城的观点，文化上的问题也如此。经常遇到这样的朋友，但凡说是以前的东西便都好，或者惟家乡的东西最好，『月是故乡明』，且不只限于饮食。持这观点的人不在少数，窃不与焉。概而言之，不是反对说这些不好，而是人总归得向前看，往外走，今时此地，尽有佳处，不要忘本亡根就是了。

中秋节，爱不爱吃月饼都得吃，哪怕只一小块。

月饼一块寄乡思——我向往的境界，是始终要怀着文化上的乡愁，但不要为这愁所困，知道自己从哪来，才能搞明白该往何处去。

好大一棵树

『豆』是这个味

市少兼味佐青豆，偶拈又将往事叩。
菽虽细物应表功，滋养生民德何厚。

——贵筑饮食杂咏之二十七酸菜豆米

市少兼味佐青豆偶拈又
將往事叩菽雖細物應表
功滋養生民德何厚

其廿七

何皎宁 / 绘

【拾玖】

我学会的第一道家常菜是酸菜豆米，这道菜可炒可烩，简便易行，炒食多加辣椒，口味便偏重些；烩食则多要些豆米汤汁，煮成一锅，添切碎的西红柿，愿意增加荤腥，也可以掺进肉末或者脆哨，甚至肉丸子，煮得嘟嘟冒泡，盛在大碗里上桌，直接舀来泡饭吃，不用其他菜，便可痛痛快快吞下两大碗。

河滨公园有家小馆子，拿豆米汤煮火锅，其诀窍是与烧得软熟的红烧肉同炖，蔬菜豆腐等配菜随意拼配，浓郁加倍，好吃到爆。曾经有朋友在家宴客，苦于不太会做菜，我传授此术，连红烧肉都不用自己烧，到超市买上海梅林牌的红烧肉和午餐肉罐头，也能调出绝世好味。再搭配几味荤素凉菜，炸个花生米，这便齐活。据说一桌人皆吃出毛毛汗，叫好不迭。

君如不信，曷妨一试。

贵阳人吃的豆米汤分四季豆和小豆两种，四季豆熬煮出来的口味浓郁，宜与酸菜相配，而小豆则略清淡些，一般用大白菜或者小白菜切碎同煮，风味各有千秋，为佐餐恩物则一。

有个老友得子，小名取作『豆米』，请本省书法名家马宏明先生题了这两个字，嘱我为跋，提笔踟躇，思索再三，写了这么一段文字：『张家有子，小字豆米。豆则菽也，米即粟实，本为二物，皆吾国原产，滋养生民，功莫大焉。故《墨子・尚贤中》云：是以菽粟多而民足乎食。然黔人所谓豆米，盖为四季豆煮制，百姓餐桌习见，加干辣角、酸菜同烧，可下三碗白饭。虽曰家常风味，中有无上妙谛。粗茶淡饭，可得永年，青灯黄卷，尽有余欢。』

讲到豆之一物，豆即菽，菽即大豆，《广雅疏证》里辨析得清清楚楚：『《吕氏春秋・审时篇》云：大菽则圆，小菽则抟以芳。是大小豆皆名菽也。但小菽别名为荅，而大豆乃名为菽，故菽之称专在大豆矣。』为吾国古已有之。古人拿豆制酱，用以调味，《齐民要术》里有详细的记载，读起来还能叫人吞口水，不具引，发展到最精细的产品，就是酱油，有助于中国烹饪进步之功也大矣哉。

酱油发明前，酱里还保留有成型或不那么成型的豆的形状，严格说都是豆瓣酱，到现在仍广受欢迎，举个例子，贵阳人熟悉的，为四川豆瓣酱，炒菜或者制辣椒油时常会用到。

还有一个贵州人偏嗜的豆制调味品，是豆豉，分水豆豉和干豆豉两种。我向来吃不惯水豆豉，可能是不能接受它黏糊糊的口感和观感，让人有不适的联想，唯独用来炒菜薹或茼蒿菜，便可尽释前嫌，筷子下如飞，奇哉。干豆豉加筒筒辣椒炒回锅肉，肉吃完，剩下的干豆豉混嘴巴，又有滋味又有嚼劲，都能吃下一小盘去。如果遇到家里熬猪油，其副产品曰油渣，配上蒜片、筒筒辣椒、青蒜苗，与干豆豉同炒，趁热下白米饭吃，就是神仙，也会淌口水。

还有一味个人偏爱的豆制品，为绍兴人下酒的隽物笋青豆，说明一下，这不是孔乙己先生爱吃的茴香豆，后者为蚕豆制成，笋青豆是黄豆做的，耐咀嚼，有回味，抓一把，下茶佐酒无不宜。以前回老家，照例地要买上几斤带回来，现在购物便利，淘宝微信都能买到。我小时候，母亲偶尔会做一点，冬天复习功课，围坐铁炉边，抓一把边嚼边读书，亦是乐事一桩。

还有蚕豆，新鲜上市时，嫩得可以掐出水，拿来与茴香或者莴笋叶同炒，略放油盐即可，蔬菜和豆的清香彼此帮衬，是个应季的隽品。而蚕豆也即是小时读鲁迅《社戏》里讲到的罗汉豆，老先生的文章写得是真好，『离平桥村还有一里模样，船行却慢了，摇船的都说很疲乏，因为太用力，而且许久没有东西吃。这回想出来的是桂生，说是罗汉豆正旺相，柴火又现成，我们可以偷一点来煮吃。大家都赞成，立刻近岸停了船；岸上的田里，乌油油的都是结实的罗汉豆。……不久豆熟了，便任凭航船浮在水面上，都围起来用手撮着吃。吃完豆，又开船，一面洗器具，豆荚豆壳全抛在河水里，什么痕迹也没有了』。更妙的是，回到家里，桌子上也有一大碗煮熟的罗汉豆，『但我吃了豆，却并没有昨夜的豆那么好。真的，一直到现在，我实在再没有吃到那夜似的好豆，——也不再看到那夜似的好戏了』。

蚕豆还有更好听的别名，王揖唐《今传是楼诗话》，其中一则引用英廉咏紫芥诗云：『春韭秋菘漫自雄，输他风露满幽丛。人间大有巢居士，一稜蛾眉饷长公。』其自注说：『李时珍谓巢菜为野豌豆之不实者，近闻人云即蚕豆，未之考也。蚕豆一名蛾眉豆。』

鲁迅曾写文章骂过的叶灵凤先生，晚年寓居香港，怀念故乡，著有《能不忆江南》一书，其中讲到蚕豆，『真正能享受新蚕豆滋味的，该是乡下人自己。将新摘下的初熟蚕豆，剥去外层大壳，就这么铺在刚收水的饭锅上，什么作料也不用，饭熟了蚕豆也熟了，清香软糯，最能保持蚕豆的真正滋味，我觉得这才是最好的吃蚕豆的办法』。

凡物有味，久久难忘，往往都与情景人物脱不开关系。几年前，约了几个朋友去雷山县一茶场玩，山泉煮水，泡上新购的茶叶，洗净路边买得的枇杷、毛桃，在半山之上的旧木楼走廊上，席地而坐，且饮且食，笑谈半日，真觉得快活似神仙。顺带说一句，茶很好，采摘的时间也在清明以后了，绝对不是我喝过价钱最贵的茶。

大学时代，室友小钱，周末返校，上完自修后，经常约我去喝一瓶啤酒，而下酒物往往就是他自家中带来的一小包青豆，至今思之，口存余香。别无他故，青春岁月的记忆而已。叶灵凤也写到过毛豆所制的熏青豆，『这是一种滋味很淡泊的小吃，……起先仿佛淡而无味，渐渐的就有一种清香微咸而甘。尝着这种滋味，简直可以令你忘去了人世的名与利之争似的』。

其中道理，差不太多。

西风东渐，开始接触到外国的豆。女儿爱吃西式烤土豆，里面要填塞芝士、培根、洋葱等等配料，少不了的，最后还要浇上一大勺茄汁鹰嘴豆，所以时不时还得到超市买一两罐备用。大概是番茄汁调制过，酸酸甜甜，颇能增加食欲。

善哉，豆之为用也大矣，拙笔挂一漏万，遗珠难免，有机会再行分解吧。

南北一家亲 何分甜与咸

门头蒲艾杂里弄，吃过角黍寒衣送。
共剥菰叶话屈原，大韩民国莫起哄。

——贵筑饮食杂咏之二十八粽子

門頭蒲艾雜里弄吃過角黍
寒衣送共剥蒜葉話屈原
大韓民國莫趣哄

其廿八

何牧木 / 绘

【贰拾】

角黍即粽子古名，《齐民要术》卷九有载：『《风土记》注云：俗先以二节日，用菰叶裹黍米，以淳浓灰汁煮之，令烂熟，于五月五日夏至啖之。黏黍一名糉，一曰角黍，盖取阴阳尚相裹未分散之时象也。』

所谓『淳浓灰汁』，不知是不是跟贵州少数民族地区烧草木灰滤出的『灰汁』相近，猜想应该差不太多。

幼时外公外婆家住在忠烈街，附近有个著名的民国旧址华家阁楼，再往下走，即为文笔街，大概是因为左近便是文昌阁，由此而得名。不过，名目虽雅，在一般贵阳人心目中，这条街的特色却是卖粽子，盖短短窄窄的一条小巷，包粽子的摊位倒有头二十家，只是平时并无，得到端午节前才突然冒出来，节后也便消失。从我记事起，将近四十年过去，经营如旧，算是本地一个蛮有特色的去处。

眼看端午将至，去超市购物，各色粽子都已上架，得承认，招贴画的确颇为诱人，却不大勾得起食欲来。不像文笔街，三五婆姨，拿张小板凳，坐门前，脚边则事先淘好洗净的糯米、粽叶各一大盆，手法娴熟地三两下便裹好一个，置另一大盆中待煮，情景宛然。只有这时，食物的美好才真实可感，沛然不可御。

本地粽子的主流是大白三角粽，里面什么东西也不加，煮熟待凉，剥开拿一根筷子插上，蘸白糖、黄豆面或者引子，甚至索性就直接吃，照样米香味十足，莫可比拟。

我外婆祖籍宁波，完全不会裹三角粽，拿手的是硕大有料的枕头粽，里面有一大坨事先腌制好的猪肉，煮熟得趁热吃，肥的部分已经煮化，腌料也饱饱地浸入糯米中，咸鲜软糯，吃起来别有一种满足感。我的朋友杜彦之，自己创业当猪肉佬，最近也推出了乌金肉粽礼盒，吃过他们的猪肉，质甚佳，想必包成粽子，味道定然不差。

我没有研究，但东南西北的朋友不少，据他们说，各地粽子，大有不同，虽说也不好一概而论，但简单地归类，北方多甜粽，南方多咸粽。现代社会的特征之一是人与物的流动性增加，交流也变频繁，各种食物随着移民和商业传播，君不见如今全国各地的人都不那么抗拒麻辣味，多半便是托重庆火锅八方开店之赐。至于粽子，嘉兴五芳斋肉粽也具有类似的传播效应，南北一家亲，何分甜与咸。

说到南北亲，二十世纪六十年代，香港电懋公司就曾拍摄了一系列『南北电影』，叫好卖座。最近读宋以朗所著《宋家客厅：从钱锺书到张爱玲》，本拟做闲书看，读着读着却郑重其事起来，盖因其中真有现代文学史的重要材料存焉。宋氏家世清贵，作者父亲宋淇，与张爱玲、钱锺书、傅雷、吴兴华、夏志清等皆有交游，尤其所存大批信笺，弥足珍贵。作者另一个身份，为祖师奶奶身后法定的文学遗产执行人，他现身说法，匡正了许多关于张氏的讹传，其文字超过此书三分之一篇幅，虽亦属一家之言，但交情至此，比别人的转述传闻还是可信些。比如，作者讲到当年张爱玲为电懋编写剧本的一节掌故——

故事脱胎自英国话剧《真假姑母》，粤语谐星梁醒波主演。里面因为南北文化不同，出现反串、误会、博懵（粤语，意为占小便宜）、谎言……电影公司见当时《南北和》《南北一家亲》卖座，便索性将《真假姑母》易名为《南北喜相逢》。

须知，『南北系列』肇始自宋淇一九六一年编剧的《南北和》，彼时香港正处在本地土著与南下人士的冲突融合期，南北隔阂与交融是时代脉搏，不好仅仅只当做普通喜剧博人一笑视之。

说过了，这隔阂与交融之中，一定有关于食物的故事，也是最近读到的叶灵凤《香港方物志》，就写到各地年糕所蒸制的形色和原料不同，而『香港人不大喜欢糯米，因此过年所蒸的年糕，无论甜咸，一定是粳米粉为主』。只是，香港毕竟五方杂处，各式各样的年糕仍然到处有售。惟不知嫌弃糯米的香港人是不是对粽子也鲜少兴趣，这且搁下不表，倒是张爱玲应该爱吃，她在《私语》里自陈，『八岁我要梳爱司头，十岁我要穿高跟鞋，十六岁我可以吃粽子汤团，吃一切难以消化的东西』。

而且我推测，张爱玲大概还更热爱白粽子些，她二十四岁时所写的短篇《留情》里有过这样的比喻，说出身『上海数一数二有历史的大商家，十六岁出嫁，二十三岁上死了丈夫，守了十多年的寡方才嫁了米先生』的敦凤，『包在一层层衣服里的她的白胖的身体，实哚哚地像个清水粽子』。

简直妙绝。

小说里关于粽子的描写，我自己还偏爱金庸在《神雕侠侣》第十五回『东邪门人』中的一段，程英为杨过疗伤——

> 裹了几只粽子给他作点心，甜的是猪油豆沙，咸的是火腿鲜肉，端的是美味无比，杨过一面吃，一面喝采不迭。那少女叹了口气，说道：『你真聪明，终于猜出了我的身世。』杨过心下奇怪：『我没猜啊！怎么猜出了你的身世？』但口中却说：『你怎知道？』那少女道：『我家乡江南的粽子天下驰名，你不说旁的，偏偏要吃粽子。』

杨过是临安牛家村人，按照书中的描述，母亲穆念慈在他十一岁那年染病身亡，临死遗言说他父亲『死在嘉兴铁枪庙里，要他（杨过）将她遗体火化了，去葬在嘉兴铁枪庙外。杨过遵奉母亲遗命办理，从此流落嘉兴，住在这破窑之中，偷鸡摸狗的混日子』。而嘉兴粽子天下闻名，杨过虽然潦倒落魄，大概也还是弄到嘴吃过几次，所以一尝便知好坏，老先生笔下的细节也是讲究的，前后左右都照应到。

金庸的《侠客行》也写到粽子，不过却是石破天给人用『帆索绑得直挺挺地，腰不能曲，手不能弯』，丁不四一见之下忍俊不禁，便喊他作『大粽子』。金庸祖上是浙江海宁人，对于江南粽子，看来不能忘情。只是后来定居香江，也许多年未能亲近家乡味，于是在小说里大肆描写一通，聊以解馋也不好说。

粽子是国粹，二〇〇五年，韩国『江陵端午祭』被联合国教科文组织宣布为『人类口头和非物质遗产代表作』。国人一时群情激奋，认为又让人抢了老祖宗留下来的玩意，其实不是那么一回事。『江陵端午祭』不过是韩国江原道江陵市的一个地方性节日，与中国人过的端午节似是而非。四年之后，联合国教科文组织正式审议并批准中国端午节列入世界非物质文化遗产，便是明证。事实上，亚洲不少国家都有过端午的习俗，竹枝词里说『大韩民国莫起哄』只是个玩笑，各美其美好了，犯不着为此动气。

进一步地说，日韩在历史上跟中国渊源太深，写读汉字的传统，延续到相当晚近的时代，即使废止加以新的创造后，其余绪尚存，至今未见得影响尽除。更有意思的，二〇〇二年韩日世界杯时，我在那时还叫汉城的首尔待了将近一个月，携得《热河日记》一册读之，一七八四年，作者朴趾源随朝鲜使节团来贺乾隆七十寿诞，留下这本日记，他不无傲娇地写到：『明室亡于今百三十余年，曷至今称之？清人入主中国，而先王之制度变而为胡。环东土数千里，画江而为国，独守先王之制度，是明室犹存于鸭水以东也。虽力不足以攘除戎狄，肃清中原以光复先王之旧，然皆能尊崇祯以存中国也。』完全以中华文化的正脉自居，并不把自己当外人的。

另一本差不多同时的朝鲜人洪大荣所著《燕行录》，记载了更生动的细节，『十年前，关东一知县，遇东使，引入内堂，借着帽带，与其妻相对而泣，东国至今传而悲之』。

历史多吊诡，虽说一衣带水，也还有三十年河东河西的差异，何况早不知多少三十年都过去了。

一闲有真味

惟羊肉和老友最值得涮

一包香烟茶一缸，且抱火炉吃羊汤。
升平岁月诚如是，幺儿可驱罗酒浆。

——贵筑饮食杂咏之二十九铁炉子

一色香蒸茶一缸且抱火鑪吃
羊湯界平歲月誠如是么
兒可驅羅酒漿

其廿九

陈自由／绘

【贰拾壹】

冬至刚至，不知北方习俗怎样，本地人重视这一节气，胜于其他，而庆祝方式也照例地非常『中国』——传统上，是吃狗肉或者羊肉汤锅，二者皆温补之物，正与时令相宜。

狗肉虽好，无奈易惹他人诟病，不食久矣。羊肉则向来是我心头爱，每到冬至前后，有几位多年知交，总会约在一起小聚。某次约在其中一位家中，下班后赶过去，一进门，听到汤锅在电磁炉上嘟嘟冒气的声音，立马开心开胃。

老友娶了位贤惠夫人，手艺了得，亲自下厨，操持出一锅滋味浓郁的好汤底，上好带皮肥羊肉，先煮熟，切作大片，外加若干肠肚之类的杂碎，大盆端将上桌待煮，略配小菜如白煮萝卜、辣白菜、蒸腊肠、油炸花生等，主食则牛肉饺子、羊肉粉，样样精彩。这一顿下来，简直管不住嘴巴，明显吃过量，晚上回家，连灌几泡普洱才压下来。

冬夜围炉，喝着土酒，边吃边聊，席间自然相谈甚欢。所围的不是煤炉，而是电磁炉，算是个小小遗憾。

我是地地道道南方人，生于斯长于斯，却不知为何嗜食羊肉——不是说贵州不产此味，但毕竟并非本土肉食中的大宗——当然本土也有好羊肉，否则解释不了为何各地皆有自成一派，且互相不服气的羊肉粉。

在水城、金沙、遵义这三大贵州羊肉粉名门中，我个人偏爱遵义风味。老友杨胡子，河南人，是其死忠粉，还记得几年前，我们到遵义出差，晚上八点多才赶到市里，当地对口接待的部门备好了一桌饭菜等着，进包房前，他偷偷耳语，『假装吃一点，待会我们去整羊肉粉』。

如约，饭桌上我们几乎没怎么动筷子，匆匆结束，便去大快朵颐。

出差期间，一日三餐乃至四餐羊肉粉。好在遵义羊肉粉大门派下面还有小分舵，各有特色，数日不厌，杨胡子甚至因此上火，流了不少鼻血。

贵州土山羊，偏瘦而不免于柴，但有咬劲，所以别具风味，倒不好妄自菲薄的。平生食羊肉的快事之一，是差不多二十年前在水城县南开乡偏坡村一户小花苗家中。

苗家风俗，每逢重大节日或是有贵客上门，必要杀羊款待。一口直径足有三尺的大锅支在土灶上，炭火烧得极旺，两头全羊砍成小块，早自炖得烂熟，嘟嘟地冒着热气，汤面上漂着一层红油，望之垂涎欲滴。

羊肉连汤捞入土碗，满满地抓一把择好洗净的野生芫荽堆在上头，伸筷子一搅，香气顿时扑鼻，佐以大碗白饭，吃得满头大汗，末了盛一海碗原汁原味的羊肉汤，吹开油花，趁热灌进肚子，其滋味绝非寻常可比。

顺带说一句，羊肉性热，水城常年气候阴冷，食之可御寒气，故而当地羊肉粉极为有名，只是药味偏重，吃不惯者难免不喜。最近两年重游水城，当地朋友带着吃羊肉粉，颇发现几家味道上好的馆子，不让遵义羊肉粉独美。

西北几省区，都产羊，且无一例外都说自家的羊肉最好，互不相让，各有妙处。所尝未遍，不敢轻易下结论，但羊肉确是我心头好，提到便不能淡定，而宁夏的羊肉，也真是给我留下了极为深刻的印象。那是大概八九年前，还在媒体工作时，我们一个『西部行』的报道组，花了三个月时间，走遍西部十二省区，其中一站，就是宁夏。

刚刚进入三月份，北方地区，天气还相当寒冷，从呼和浩特驱车，一路向西，进入宁夏。高速公路极为宽敞笔直，路遇大风，且起了沙尘暴，一行好几台车装的挡雨片都给吹掉。中途在服务区休息，下车才知风到底有多大，反正我自己的感觉，简直不是走而是被风吹进厕所去的，加之沙尘迷眼，呼吸也不大顺畅。晚上抵达目的地，甫入银川境内，突然间风息沙止，蓝天白云，要知道，银川素有『塞上江南』之称，虽是初春季节，已有绿意，简直像进入另外一个世界。当地朋友听说我们的遭遇，大笑不已，『一看就知道你们的挡雨片不是在北方安装的，否则绝对吹不掉』。

好在有羊肉接风，一切辛苦，便都忘却。滩羊的妙处在于肥腴，但又不至于腻。今日写来，嘴巴里还好像残留着羊肉的滋味和口感——烤羊排尤其诱人，咬下去，最外是薄薄脆脆的那层皮，里面的肥肉入口化，瘦肉略存咬劲还醇厚多汁，吃到根本停不下来。羊汤、烤串和手抓也非常棒，我一边大快朵颐，一边跟朋友开玩笑，『你们银川厨师，根本不需要烹饪技术，这么好的原材料，要把它做好吃，太容易了』。

最近重游银川，晚上跟南京的柏生兄相约，外出觅食。打的找到一处市内的繁华地段，拣一家店，美美地饱餐一顿，可惜人近中年，不复少年时的胃口和豪气，一份烤羊排、十个串都没能吃完。倒是把酒畅谈，颇为尽兴，虽说两个多小时也不过一人喝了一瓶啤酒而已……

记得过去读宁夏作家张贤亮的小说，屡屡谈及羊和宰羊，只是少见写羊肉之美，毕竟，在他笔下所写的时代，吃肉还是件非常奢侈的事情，比如，《绿化树》就写到，春节前『这几天干活的时候，男女农工们议论的话题就是羊圈要宰几只羊，一家能分多少肉，下水轮着谁家了。因为羊下水没办法按斤论两地分，只好当作额外供应，三家给一副羊下水——包括肠、肚、心、肝、肺和头、蹄，让他们拿回家去自己分。……羊肉也好，羊下水也好，是没有我们单身职工的份的。如有，也要由伙房的炊事员做熟了给我们分，顶多有指头大的三两块肉。所以我们对此漠不关心』。

吃罢羊肉，告别银川，抽得空来，还真想重温下张贤亮的小说，他在《男人的一半是女人》中有个看羊的老头周瑞成说得好：『嘿嘿！生活难道仅仅是吃羊肉吗？』

南方人的饭量比之当地土著，的确渺小得『低到尘埃里』。三五个人分食两三斤手把羊肉，配些主食蔬菜，腹中便已容纳不下，而这，在西北地方，只是一个人甚至是一个女生的食量而已。

记得某年去呼和浩特，当地名产有称为『稍麦』者，视其形制，大约与南方的烧卖是同宗，唯内容有所区别耳。经打听，最正宗的味道不出所料乃是羊肉馅。四个人坐定，点餐，看过菜单，开口要两斤，服务员一脸懵圈，『吃得完吗』？

『四个人，一人半斤，应该问题不大吧。』

『一两一屉，一屉八个，两斤可有一百六十个嘞。』

吓一跳，仔细询问方知，北方的计量方式与南方迥异，不按蒸出来的重量算，而是算干面粉，我们这点肚量，四屉足矣。据说类似的事情经常发生，碰到不大负责任的服务员，问也不问便上菜，二三十屉端将上来，着实是会把人给吓到的。

然而味道实在好，至今思之。

羊肉膻味重，大约是好些食客不能接受的主要原因。在外吃饭，不时碰到店家标榜烹制羊肉善于去膻味，总是不能理解，羊肉无膻，还能叫羊肉么？

没有羊膻味的羊肉，就好比不会起泡的肥皂，娘娘腔的男生，就算货色再好颜值再高，还是敬而远之的好。

要吃羊肉，哪能不惹一身膻？

羊肉好吃，但找到好羊肉却殊为不易，尤其南方多为山羊，肉偏柴且膻味重，于是烹饪上便以重口为主，不管是汤锅还是干锅，都多加香料辣椒，不能说不好吃，但总觉得欠一点满嘴是肉的痛快。

前面说过，鄙人倒更喜欢北方的肥羊，肉质细嫩多汁，倘若到西北地区，现杀现做，甚至都不需要太复杂的烹制，手把肉煮熟上桌，蘸盐即可大嚼，鲜美肥腴，过瘾无比。可惜机会太少，且南方人食量有限，往往两块下肚，便已觉得撑胃，让人不禁生出『偃鼠饮河，不过满腹』的慨叹来。前几天，一位老大哥邀到金阳吃了顿宁夏滩羊，没得说，太好吃，以至于稍稍过量，缓了一天才恢复。

另外，北京涮羊肉也得我心，记得刚刚工作后不久，贵阳火车站附近有一家自助涮肉店，我们一帮朋友不时便打平伙前往。年轻有量，一人平均十几盘不在话下，满足感超级强。现在回想，肉非上乘，做法也不正宗，其实谈不上真正吃出涮羊肉的妙处。倒是二〇〇〇年后，经常到北京出差，走街串巷，开始吃到好的涮肉，越发地体会到其中乐趣。

简言之，在北京涮肉，一定不要去东来顺之类的名店，就近拣生意兴隆的小店就好。有那么几年，经常在地坛公园一带出没，附近有家北门涮肉，是我特别喜爱光顾的去处，店面不大，晚饭稍微迟些便要排队，包房只小小两间，拥挤不堪，所以多数时候都在大堂进食。说起来还是大堂好，有那个热乎劲，别的不说，单是看铜锅炭火冒出的蒸汽和烟火气，就食欲大张，按捺不住了。再有一条，是涮肉要直奔肉去，千万别去其他菜式太多的店，无他，吃肉才是正事，不要冲淡主题。点上几盘各个部位的羊肉之后，糖蒜、烧饼足矣，最多加蔬菜和豆腐，吃到最后解一点油腻。有个老跟着领导去北京的好友，偶然出差遇上，碰巧还得半日闲，带着她一起吃了涮肉，才发现往来帝都无数次，居然无缘得尝其味，吃得赞不绝口。

这种小店还有个好处，是周边的食客有意思，某次吃到半截，突然听见邻座喧哗起来，仔细看，才知道几个老北京二锅头喝到正酣，忍不住要来两嗓子京剧，水准如何不好评价，总之唱一段便听得四下里彩声一片，于是更加兴奋，一段接一段，硬是唱了半个多小时才拱手作揖入座。这氛围，可不是大人绅士们端坐包厢，喝着茅台，抽着雪茄能遇上和欣赏的。

更妙的，当然是到朋友家吃涮肉，老友孙奕，土生土长的老北京，在家设宴，正是初冬季节，高楼之上，望着四围一派萧瑟，饮老酒下涮肉，天虽不欲雪，也能多喝几杯。酒过三巡，他老兄拿出尺八，呜呜呜地吹起来，尽管也不大懂得音律，还是觉得好听动人，试着吹一下，怎么也不能出声响，指点我说，嘴巴要弄成仿佛要接吻的那个形状，还是不能成功，当时诌了几句汉俳说：『尺八吹无声，点拨说就像接吻，莫非久违了。』至今怀想，改日到京，记得再请我涮一回肉，至于吹不响尺八这个梗，由得老友在饭桌上拿来涮我。

从羊肉延伸到火炉子，入冬的妙处之一，便在于围着炉子可做不少事。可供回忆者正多，吃火锅不过是其中一桩。犹记幼时，天气渐寒，周末得空，将闲置了大半年的铁炉子安放好，取暖煮食，便都是它了。贵州人喜食糍粑，宵夜时，切几块拿火钳架在炉子上，受热后，等它一点点膨胀起来时，也就烤熟了，烫得拿不住，小朋友称之为『壮猪儿』，形象无比。炉灰塘则适合洋芋或者红薯待着，提前几个小时放进去，用其余热慢慢煨熟，剥开皮来，又面又香，多少年没有吃到了。我母亲还喜欢煮一点五香黄豆，抓一小把，炕在炉子上，一边看书一边拣来吃，多枯燥无味的课本也能就着读下去。

贵州本地人离不开炉子，还因为家家户户离不得糊辣椒，饭前做蘸水，顶好现炕现舂现吃，才能逼出辣椒该有的香气，远远胜过现下在超市一袋袋买回来的所谓『柴火辣椒』。

不烧铁炉子二十余年矣，许多乐趣，因此随之失去。我的朋友付丹兄，聪颖肯动手，做电炉子起家，取名『富巨』，如今已是贵州最大的生产商之一，方便清洁，尚存其意，多少弥补缺憾。记得某次在他家吃青菜牛肉火锅，客人太多，他不慌不忙，搬出三个电炉子排起来，得意洋洋，『一代二代三代产品，都在这里，还怕不够坐不成』。

炉子真是恩物，近代大儒马一浮先生的《寒夜》诗后四句说：『拨残炉火寒方尽，开到梅花岁已除。败屋空山风雪夜，闭门重读未删书。』意境萧远，我素喜诵之。不过，马先生是浙江人，他所拨的炉火，估计多半是炭盆子。

我们是俗人，不敢攀比马先生。前几天的羊肉汤锅宴上，某老友说得好，朋友聚会，最重要是人，其次是酒，饭菜最次。同意他的总结，围炉夜话，最要紧朋友家人能聚在一起。最近有好事者撰文，号召国家将冬至定为法定假日，说了一大堆复杂的理由，读不明白，但如能因此增加团聚的时光，我第一个举手赞成。

天生小酒量

不敢与虎谋皮，却曾与猪谋食

闻道邻村杀年猪，打酒便将亲友呼。
大盆快煮坨坨肉，吃罢汤中下园蔬。

——贵筑饮食杂咏之三十杀猪饭

聞道都都殺年豬打酒便
將親友呼大盆快煮坨〻肉
嚶羅湯中下園蔬

其三十

梅曙明／绘

【贰拾贰】

几位老友最近合伙创业，开了食材工作坊，完美得令人垂涎——几十平米大房间里，三分之一强的空间装修成开放式厨房，三天两头都在试菜或者说试食材——想不垂涎都不成。

开业不久，约起试吃据说是产自贵州毕节乌蒙山区的可乐猪，也叫『乌金猪』，为稀有独特的地方品种。围坐一圈，人手一个小火锅，清水加姜块、葱段，大盘切片五花肉端将上来，直接下锅涮来吃。略蘸酱油即食，满口都是猪肉味，真正的猪肉味道，美妙到爆。另有朋友正好弄来一点上好的松茸，切薄片，扔进肉汤里煮上几分钟，什么都不蘸，直接进嘴，真能鲜掉舌头。

按照创业老友们的解释，好食材一定要吃原味，烹饪上尽可能极简，唯其极简，才能发挥食材自身妙处，好比佳人丽质本天生，何须涂抹一脸化妆品，更不用美颜相机修图发朋友圈。

信然。

都说食材今不如昔，不好随便跟风吐槽，但猪肉区别确实大。前不久，上海亲戚回来避暑，大赞贵阳猪肉好吃，远比十里洋场要地道，早早就商量好，行前尽量买一点带走，一半红烧，一半拿冰袋冷藏，熬过几小时的路程，回去慢慢享用。

确如所言，相对来说，越是偏远，食材生长环境污染少、品种纯粹少干涉，味道便大不同。譬如我们知道，农村地方，拿来卖的猪，皆改良品种，饲料喂养，快速增肥，周期短，成本低，可以多赚几文钱。而自家所食者，多是本地土猪，必须草料泔水喂足整年，比较其品质，相去不可以里计。

话说猪为中国古已有之的驯养动物，『磨刀霍霍向猪羊』，向来是国人餐桌上肉食来源的大宗。没有考证过杀年猪的习俗兴于何时，倒是最近读陆放翁的诗集，发现他特别地接地气，好几首诗里都提到，举例如下，《北园杂咏》：『短筇行乐出柴荆，雪意阑珊却变晴。林际已看春雉起，屋头还听岁猪鸣。』《残历》：『岁猪鸣屋角，傩鼓转街头。』《视东皋归小酌》：『最好水村风雪夜，地炉烟暖岁猪鸣。』没得说，证以季节，确定是年猪无疑。

不单过年，社日也有此俗，同样见于陆游的诗中，『社日取社猪，燔炙香满村』。祭祀用猪，至今犹然，君不见，香港导演拍电影，开机前例行祭拜，所献的供品中，总有一味烤乳猪。

我们这一代人，出生于二十世纪七十年代，赶到过计划经济的尾巴，缺肉少油的记忆，至今尚存。好些年前写过一首打油长诗，讲到猪肉的吃法，发给不少同龄朋友看，皆有共鸣，抄在下面——

忆昔少儿时，馋肉馋到哭。
吾家传烹法，红烧犹馥郁；
肉须择五花，文火慢煨熟；
大料全不搁，生姜加酒曲。
鲜笋增甘甜，干笋如大叔；
霉菜更相宜，凝菹可佐粥。
最妙『腌炖鲜』，蹄膀与咸肉；
去腻存肥腴，绝配则莱菔；
砂锅小火炉，待沸不废读。
汤作乳白竟黏箸，佛若闻之跳墙逐。
食肉者鄙早知之，埋沉形骸劳案牍。
何耐口中鸟淡出，箪食瓢饮号我腹。
黄州通判得我心，肉贱不愁减俸禄：
打得两碗来，不须居有竹。

我自快朵颐，饱食即口福。

所谓『腌炖鲜』者，我老家浙江炖菜之一种也，以咸肉或上好火腿辅以蹄膀煨汤，其味悠长。另外还要解释下，『肉』在贵阳话里读作『如』，依方言的音，并不出韵。

《论语·述而篇第七》有一段著名的文字，孔子说：『自行束脩以上，吾未尝无诲焉。』通行的解读，比如杨伯峻先生《论语译注》翻成白话文，『只要是主动地给我一点见面薄礼，我从没有不教诲的』。

束脩有两解，一说是束身修行言，另一说比较广受采纳，即说脩是干脯，十脡为束。由此引来后人的玩笑，说儒生配祀孔庙，是陪孔夫子吃冷猪肉，『此食生㹠肉者』。㹠即豚，亦指猪也。而在这以儒教立国的时代，可说是至高无上的荣誉，台湾『中研院』的黄进兴先生，研究孔庙极有见地，他在《优入圣域：权力、信仰与正当性》一书中就说：『由于孔庙所奉祀的对象全然为儒家圣贤，身后从祀孔庙自然成为儒者至高的荣耀。』

然而，不愿陪吃冷猪肉的，亦大有人在。明末清初的文人中，嘉兴人朱彝尊是我特别感兴趣的一位，他四十一岁那年，写有吟咏情事的《风怀二百韵》，后世多认为系悼念早逝的妻妹冯寿贞所作，『长律至百韵，已为繁富矣……盖感知己之深，不禁长言之也』。缠绵悱恻，显然地不合礼法，引来不少非议。

据说朱彝尊晚年自编《曝书亭集》，『宁可不食两庑特豚』不入文庙，也『不删《风怀二百韵》』，丁绍仪《听秋声馆词话》说，『太史欲删未忍，至绕几回旋，终夜不寐』。

我小时候读金庸的《射雕英雄传》，写到嘉兴『江南七怪』，豪气干云，一诺千金，至情至性，辄为之神驰。武侠小说，出于杜撰，固然当不得真，然就我所观所历，嘉兴还真是个古风犹存的地方，既有遁迹林泉、优游文酒之雅，也有尚气任侠、死生相与之豪。朱彝尊不但不删有伤风化的『风怀诗』，《曝书亭集》卷七十二有涉嫌大逆不道的《贞毅先生墓表》一文，其中提及他所交往的『好友二人』，一为魏耕、一为钱缵，皆因反清惨死，而仍保留集中，黄裳说

「此表情文俱至，大狱之后，不削此文，竹垞笃于风义如此」。

金庸祖籍海宁，亦隶属嘉兴。

说回年猪，每到春节前，总有好友送来农村自养自杀的土猪肉，几乎无一例外都偏于肥，带皮的五花肉，放在案板上，站都站不起来。而所谓年猪，须得到农村里去吃，方能得其妙趣，其意固不仅仅在于肉而已。

某年冬天，一干好食之徒相约去黄平县一个好友老家吃年猪。三个多小时车开过去，加上天寒地冻，本来就容易饿，早已压不住馋虫。一进寨子，拦门酒喝过，捧出一大盘猪大肠，主人家不由分说，筷子夹起来就挨个塞嘴里。猪大肠煮得不大软糯也就罢了，恐怖的是，寒风中等了我们半晌，它比我们还要饥寒交迫。嚼到嘴里，满是凝结的猪油渣子，夹杂着肠子不大容易去得掉的那股子味，真的要疯掉。盛情没法却，迎着主人家热忱的目光，硬生生吞将下肚，至今心理阴影还剩一大块。不怕读者说我吹牛，自己都把自己写得不适了。

由此联想到《史记》里说樊哙吃生彘肩的故事，「覆其盾于地，加彘肩上，拔剑而啖之」。更加佩服他英雄了得，常人不能及。

接着便是吃年猪，肉是好肉，可惜处理不得法，腥气未除，煮得略偏老，完全吃不动。盛宴结束，入夜后围着火坑聊天，一阵阵饿意袭来，难以招架。不知是谁，抱来一小堆红苕，就着炭火烤熟，香甜无比，只恨僧多粥少，还未吃饱便已告罄。厚着脸皮问主人家，能不能再弄一点吃吃。几分钟后旋回来，「不好意思呢，猪圈里没有了」。

什么意思？

「我们这里的黑毛猪，都是喂红苕长大的，绝不加任何饲料。」

不尴尬，在野生动物园里，我们当然不敢与虎谋皮，但我们至少与猪谋食过一把。这等阅历，一般人也遇不到。何况，古人就干过类似的事，所谓「群猪过饮尚可醉」，也许还颇为风雅呢。

竹林七贤中的阮咸，是个音乐家，好弹琵琶，有个传统乐器叫做阮，据说就是因他而得名。其事载于《晋书》「列传第十九』里，附在他叔父阮籍传后面，只区区几百字而已。他几乎要算是中国最早的摇滚范明星，性格『任达不拘』，『当世礼法者讥其所为』。他好喝酒，和族人同饮，嫌小杯子不过瘾，索性用大盆装了，换成啤酒杯喝。突然有一群肥猪闯席，他居然不以为意，跟猪们一起，在盆子里喝得不亦乐乎。

其放浪形骸如此。竹林七贤的画像砖上，他的形象最易识别——抱了一把阮，神情陶醉。在七个人当中，阮咸也算是运气不坏的，《晋书》说了，『得寿终』。搞不好，就跟他下得滥，敢于装疯卖傻有关，须知，在魏晋交替的时代，多少人因为站错队掉脑袋，已经背负了名士的『名』，还能远祸寿终，不容易。

你的『黑暗』，我的最爱

灶梁高悬炉火熏，不计年年与岁岁。
小鲜肉变老腌刀，最爱人间烟火味。

——贵筑饮食杂咏之三十一 老腌刀

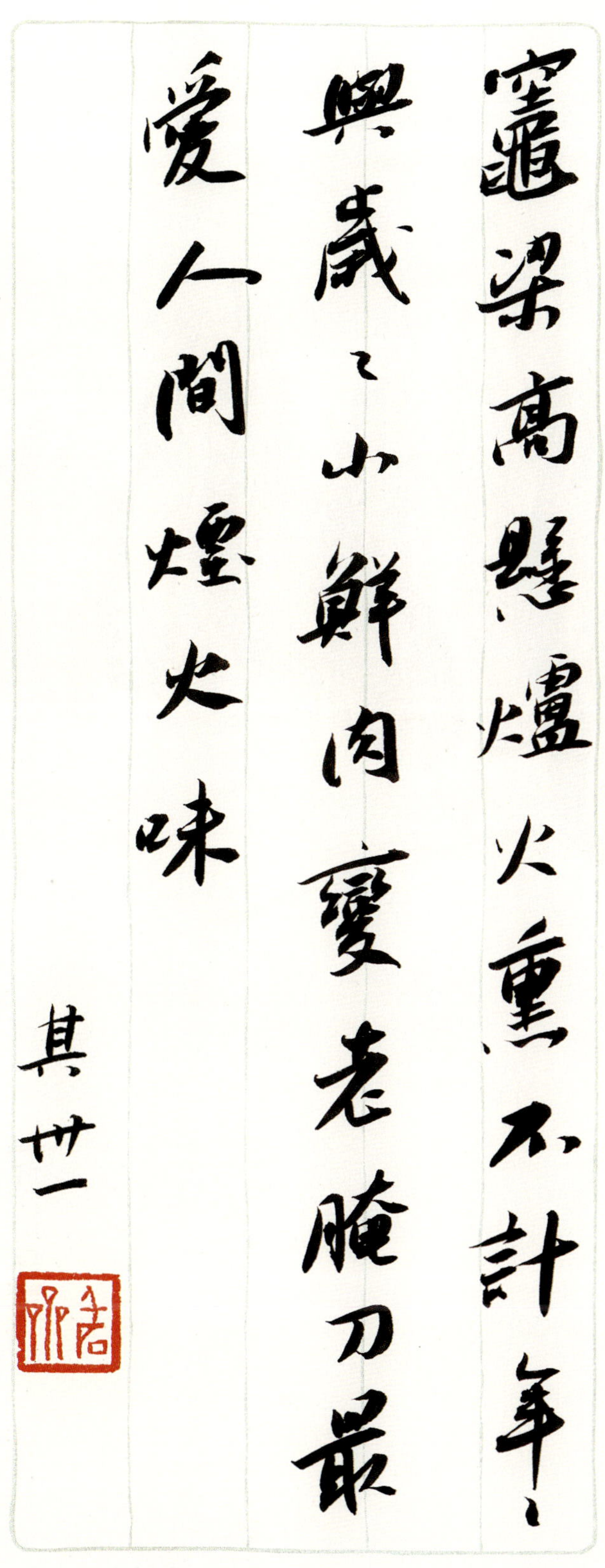
竈梁高懸爐火熏不計年年
與歲歲小鮮肉變老腌刀最
愛人間煙火味
其卅一

王柯允 / 绘

【贰拾叁】

有个心灵手巧的朋友最近疯狂在朋友圈里晒图，各种家常美味，白案红案，大鱼大肉，看上去绝对好吃。我得说，这种行为非常讨厌，眼巴巴而吃不上，堪称残忍至极，几乎仅次于我们这些写美食专栏的坏人。说实在的，朋友圈爱秀美食的朋友不在少数，修过图的，卖相好的，来头大的，四星五星大饭店乃至米其林给个星的，我都不大稀罕，唯独爱这一口家常味。

曾读过日本小说家池波正太郎的散文集《食桌情景》，他在书里说，自己写日记的内容『通常只有关于当天所吃下的东西，其他的事情几乎鲜有提及』，他甚至摆出高高在上的挑剔姿态，挑拨着母亲和妻子竞赛般地为自己烹饪美食。而这种『大男子主义』，大概正是日本的传统，另一位大作家远藤周作，著有《狐狸庵食道乐》，也写到：『想想我们那个年代，老婆若做了难吃的菜，我只拿筷子沾一口说：「不吃了。」把饭菜往前一推，老婆立刻汗颜哆嗦，第二天开始绝不敢胡乱做老公要吃的饭菜。』

池波以写日本武士小说及时代小说闻名，可惜大陆移译甚少，能买到的只有『剑客生涯』系列三册而已，旅日作家李长声为之导读，写到，『池波正太郎在吃上很有名，写过《食桌情景》等随笔。不过，这些吃食还是在小说中读来更有味。纵情描写吃，是池波小说的一大特点，不仅借以营造季节感，而且字里行间的传统吃食可能比实际吃进嘴里更有大快朵颐之感』。

这说法并非言过其实，抄几段如下。

主人公之一的秋山大治郎，自立门户不久，道场学生寥寥，收入仅能勉强养活自己，他的一日三餐，『吃的尽是麦饭配葱花味噌汤，但今晚，味噌汤里加的是田螺而非葱花。此种状似蜗牛的淡水螺产于水田和池沼等地，春季农田融霜后，可说俯拾皆是』。

父亲小兵卫家里，是另一派情景，退休归田，加之长袖善舞，不时就有进项，吃穿用度不愁，过着闲云野鹤般的潇洒日子，身边还有个小自己将近四十岁的美娇娘阿春准备迎娶，从娘家带回一条鲶鱼，如何吃，得由他来定，『切好之后，以热水烫过，连皮带肉取下，带黏滑的部分洗净后，再以淡味酱油边炖边吃』。

阿春外出，也在后院的井里备好可以消暑的美味，即糯米饭揉成的白丸子，竹篮装好泡在冷水中，取出撒上满满的白砂糖，佐以热茶，活脱脱描出一副悠闲的意态来。

即使是『十步杀一人』的剑客，所过的日子也无非还是日子，这样的文字，着墨不多而情景宛然，非高手莫办。而池波自述其写作时的状态，是『听家人说，在我写到大将军的部分时，脸上都会不自觉地显露出复杂有威严的表情；而写到木匠或蔬菜摊小贩的部分时则会变得特别饶舌，饭后小酌的酒量也会增加』。

比较起来，日本另一位时代小说作家藤泽周平，以及华人世界里最伟大的武侠小说作家金庸，在写食方面也毫不逊色。

前面讲到『剑客生涯』中洒脱世故的老剑客秋山小兵卫，多少有作者自己的影子，老来火气消退，变得平和起来，『以前，也会有一看到餐桌上食物就火冒三丈、宣泄怒气的情况，现在也不会了。我渐渐磨炼出不管是什么都可以吃下肚的功力了。简单说来，其实就是不过于奢求，只要该热的食物是热的，该冷的食物是冷的，其他的我也不会太过计较』。

向来不信不食人间烟火的人能创造伟大的艺术，没有烟火气的电影、电视剧、小说、诗文，请恕我不要看，与其费那个工夫，我宁愿天天看朋友圈里家常菜，干咽口水也不惜。

贵州人最具烟火味道的食物毫无疑问是老腌刀，所谓腊肉是也。孔老夫子收学生时笑纳的那个『束脩』，制作之法或异，同为干肉无别。

小时候，每到年前，几乎家家户户都在腌制腊肉，土猪肉买回来，切成若干长条块，和花椒面、盐腌渍数日，备巨大的汽油桶，挂好以柏枝细火慢熏。我没有参与制作过，据说讲究的须举火多日，且还要换好几种不同的木材熏制，待各种气味都为肉所吸收方佳。印象更深的，倒是每年总有那么一两家看管不善，导致全盘皆烧，涓滴不剩，想哭的心都有。

可熏的东西甚多，猪腿肉、猪脸肉、猪耳朵，当然还有腊肠，另有一个比较特别的血豆腐，以豆腐和鲜猪血、肥猪肉丁及花椒、辣椒等佐料打碎，捏成团，风干发酵，再行熏制。

贵州农村里，据说老腌刀制好，要挂在灶房的梁上，烟熏火燎，动辄数年，嗜者便喜欢这一口浓郁的烟火味，本人兴趣阙如，一向敬而远之，不敢亲近。逢年过节，有人拜年送上此物，也都婉拒。有次宴客，店家端上一屉蒸好的腊味，一再劝客尝，自己却不动筷子，问我原因，答曰，小时候读钱锺书的《围城》，留下心理阴影。

盖《围城》里有一段描写，发生在方鸿渐、赵辛楣们去三闾大学的途中，千辛万苦抵达江西鹰潭，在店里吃早点，伙计推荐说有大白馒头、四喜肉、鸡蛋、风肉，『鸿渐主张切一碟风肉夹了馒头吃』，可称『本位文化三明治』——

赵辛楣正在喝李梅亭房里新沏的开水，喝了一口，皱眉头道：『这水愈喝愈渴，全是烟火气，可以代替火油点灯的——我看这店里的东西靠不住，冬天才有风肉，现在只是秋天，知道这风肉是什么年深月久的古董。咱们别先叫菜，下去考察一下再决定。』

伙计取下壁上挂的一块乌黑油腻的东西，请他们赏鉴，嘴里连说：『好味道！』引得自己口水要流，生怕经这几位客人的馋眼睛一看，肥肉会减瘦了。肉上一条蛆虫从腻睡里惊醒，载蠕载袅，李梅亭眼快，见了恶心，向这条蛆远远地尖了嘴做个指示记号道：『这要不得！』伙计忙伸指头按着这嫩肥软白的东西，轻轻一捺，在肉面的尘垢上划了一条乌光油润的痕迹，像新浇的柏油路，一壁说：『没有什么呀！』……肉里另有两条蛆也闻声探头出现。伙计再没法毁尸灭迹，只反复说：『你们不吃，有人要吃——我吃给你们看——』店主拔出嘴里的旱烟筒，劝告道：『这不是虫呀，没有关系的，这叫「肉芽」——「肉」——「芽」。』

这种烟火气，大概沾不得也。当然只是玩笑，吃与不吃，只是个人的偏嗜而已。某次在南京出差，朋友接待，知道我爱小吃，安排得非常用心，特地找了一家颇具风味的饭店，正菜之外，兼有小吃若干，叫我大快朵颐。吃到半截，每人上一个煮鸡蛋，颇有些纳闷，不知有何蹊跷。个人在外觅食的经验，是遇到不大闹得明白的吃食，不着急动手，先看别人怎么吃再照葫芦画瓢好了。座中的南京朋友手法都很娴熟，拿起鸡蛋来，敲个小口子，用嘴吸吮，状甚享受。于是仿效之，结果是，一口吸进去，汤汁的味道居然极度恶心，胃里面立马翻江倒海，几乎连午饭都吐将出来。拼尽全力压下不适，起码十分钟后，才勉强缓过一口气来。

我得说，这差不多是平生碰上的最黑暗料理。其实感觉到味道不对时，脑子里已经反应过来——此物大有来历，就是南京人视为飨客上品的『毛鸡蛋』，当地另有雅称曰『活珠子』。说白了，乃正在孵育过程中的鸡胚胎，已初具雏形，蒸熟而食，营养价值极高，可惜本人抵挡不住。

汪曾祺的小说《鸡鸭名家》也写到这种蛋，『巧蛋是孵小鸡孵不出来的蛋。……鸡出不了壳，是鸡生得笨，所以这种蛋也称「拙蛋」，说是小孩子吃不得，吃了书念不好。反过来改成「巧蛋」，似乎就可通融，念书的孩子也马马虎虎准许吃了。这东西许多人是不吃的。因为看上去使人身上发麻，想一想也怪不舒服，总之吃这东西很不高雅。很惭愧，我是吃过的，而且只好老实说，味道很不错』。汪先生是江苏高邮人，跟南京的饮食习惯看来大为相近。

贵州人也吃毛鸡蛋，安顺人称为寡蛋，不过却是炒而食之，添加大量调料后，其异味已掩，我吃过，虽不喜欢，但却不至于难以下咽。类似的蒸煮法，江苏的邻省浙江也颇流行，比如绍兴。某年春节前，在绍兴乡下的一个朋友家吃饭，便备下一大盘毛鸡蛋，我领教过这滋味，当下敬谢不敏，但见几位当地朋友一枚接一枚，显然是真喜欢。

你的黑暗，往往便是我的最爱。反之亦然。

据说老外最恐惧的黑暗料理乃是中国的皮蛋，看过一些视频，隔着屏幕，的确能清晰地感受到那种从困惑不解到万般无奈再到生不如死的心路历程。

贵州最为外界所抗拒的黑暗料理大概首推折耳根，而本地人偏偏好这一口，居家宴客，无处不有。外地客来，我鼓励朋友勇敢尝试下，但绝不强人所难；出门在外，但凡新鲜玩意，概不排斥，至少试一次，接受不了是无福消受，绝不视为异端另类，打入别册。

由是想起《笑林广记》中的两则故事，其一曰：苏、杭人同席，杭人单吃枣子，而苏人单食橄榄。杭问苏曰，『橄榄有何好处，而兄爱吃他？』曰：『回味最佳。』杭人曰：『等得你回味好，我已甜过半日了。』

其二曰：北地产梨甚佳，北人至南，索梨食，不得。南人因进萝卜，曰：『此敝乡土产之梨也。』北人曰：『此物吃下，转气就臭，味又带辣，只该唤他做臭辣梨。』

堪发一笑，细味其言，或不仅仅是笑话而已。

汤圆里的少年滋味

上元例食是汤圆，少年世味如蜜甜。
顶好猪油香满口，叹息未尝亦有年。

——贵筑饮食杂咏之三十二汤圆

上元例食是湯圓少年世味如蜜甜頂好豬油香滿口歎息未嘗亦有年

其卅二

天道

周煜博／绘

【贰拾肆】

上元即元宵节，也就是大年十五。周作人先生的《儿童杂事诗》有咏：『上元设供蜡高烧，堂屋光明胜早朝。买得鸡灯无用处，厨房去看煮元宵。』

鄙家祖籍浙江，外婆是宁波奉化人，汤圆一味，正所擅长。犹记儿时旁观制作，买来上好的板油，撕拣干净，芝麻炒熟出香，用瓶子碾细，加细白砂糖，以之和馅，须反复搓揉，务使其融合无碍，再捏成小丸备用，煮食之，面上漂起一层油花，香甜莫比也。呜呼，外婆去世后，此味不尝亦久矣。

有个大学同学是我同乡，父母开一小饮食店，粉面之外，兼营汤圆，也是宁波味道，去家里玩，主动地要求吃一碗，而且是大碗。这些年早就赋闲在家，吃不到了，我还不时有些怀念。

话说贵阳本地汤圆似乎略有区别，芝麻之外，好像还有玫瑰馅、红糖馅、核桃馅什么的，品类颇丰。油气也远不如宁波味的足。小时候老人带着去拜年，糖果瓜子之外，有些家还会端上一碗小吃，多为甜品，开水米花糖、甜酒粑、汤圆最为常见。记得有一家住在甘荫塘的长辈，例行上汤圆，四枚便装满一个巨大的海碗，馅子各不同，也许还暗含着四喜之类的吉利意思，但中间往往煮不透，砂糖未化。吃惯了小汤圆，实在消受不来，不知道是不是本地传统。

元宵节的习俗，观花灯、猜灯谜，由来久矣，宋代词人辛弃疾的《青玉案·元夕》即说：『东风夜放花千树。更吹落，星如雨。宝马雕车香满路。凤箫声动，玉壶光转，一夜鱼龙舞。蛾儿雪柳黄金缕，笑语盈盈暗香去。众里寻他千百度，蓦然回首，那人却在，灯火阑珊处。』

宋代周密的《武林旧事》记载当时的盛况，说『天街茶肆，渐已罗列灯球等求售，谓之灯市。自此以后，每夕皆然』。而『元夕节物，……节食所尚，则乳糖圆子、科斗粉、豉汤……』我读下来，总怀疑『乳糖圆子』便是宋代的汤圆，至少是相去也许不远。

清代袁枚撰《随园食单》，其『点心单』记录了水粉汤圆的做法：『用水粉和作汤圆，滑腻异常，中用松仁、核桃、猪油、糖作馅，或嫩肉去筋丝捶烂，加葱末、秋油作馅亦可。作水粉法，以糯米浸水中一日夜，带水磨之，用布盛接，布下加灰，以去其渣，取细粉晒干用。』可见其时的汤圆有咸甜两味，其制作与今天几乎一样。

同时代人有关元宵节的名句很多，东坡翁《蝶恋花·密州上元》怀念杭州元宵之盛：『灯火钱塘三五夜，明月如霜，照见人如画；帐底吹笙香吐麝，更无一点尘随马。』欧阳修《生查子·元夕》：『去年元夜时，花市灯如昼；月上柳梢头，人约黄昏后。今年元夜时，月与灯依旧。不见去年人，泪湿春衫袖。』

少年时，家住乌当区新添寨，春节期间，区里的文化部门会在灯光球场举办猜谜活动。约上同学，扎进人堆里，先拣简单的猜，渐次克难，一个晚上，三四十件小奖品总归不会落空。这几年亦偶见灯谜会，兴致却索然矣。记得二十世纪九十年代，有那么几年，贵阳延安路也有过灯会，少儿心性，有热闹不会错过，一条街上，人头汹汹，比肩接踵，相册里存有照片为证，因是晚上，要用到闪光灯，脸色一个个都煞白，看起来简直像是在过万圣节。近年观山湖区又开始办灯会，只第一届受邀去赏，是十几年前的上元节当天，观山湖公园举办灯会，延请各界人士赴宴观礼，惜组织不佳，混乱难状，形同逃难。当时有打油诗说，『栖徨觅路似昏鸦，点缀承平属官家。忝列礼台充贵客，坐冷板凳看烟花』。于是从此怕闹、怕人多、怕停车麻烦，再没去过。

连环画《兴唐传》有一本《大闹花灯》，讲的是隋唐演义里秦叔宝等英雄好汉打抱不平，一锏打死强抢民女的宇文公子，所谓『七煞反长安』的故事。小说里面的描写更是花团锦簇，灯明月灿，锣鼓喧天，好看得紧。不过，作者署名褚人获，乃是明末清初的人，且长居江南，这些热闹场景乃至习俗，多半乃是他依托自己生活经验的创造，未必经得起考证，但不妨存了他那时代的真。

说回汤圆，大年十五整一碗，对我而言，始终有特殊的意义。圆者团圆，传统佳节，家人的团聚圆满，的确比什么都来得重要。只要看看春节前后，中国铁路线上的人流，就能体会出『阖家团聚』这四个字的分量来。

查段玉裁注《说文解字注》，『节，竹约也。约，缠束也。竹节如缠束之状。《吴都赋》曰：苞笋抽节。引申为节省、节制、节义字』。依此说，则『节』字的原义显然来源于竹节，天然把竹子分隔成一段一段。再引申下去，节还包含了节令和节气的意思，不同的节令节气，把一年划分成若干段落，何时宜播，何时宜收，一目了然。咱们中国，历史上毕竟以农立国，不能忘本。而西方节日多涉宗教，文化差异，也就历历可睹了。然而，东海西海，心理攸同，至少家人团聚这一主题，西方圣诞、中国春节乃至日本元旦，并无两样。

众所周知，在欧美人看来，圣诞节的重要性，堪比中国春节。曾读《两个人的长征》一书，作者英国人李爱德和马普安从江西省于都县出发，重『走』长征路。书中写到，二〇〇二年圣诞节当天，两人因为今天是『非常特殊的日子，我们可以破一次例』，请了一位向导，目的是要从贵州剑河县南哨乡赶到县城。下午五时三十分，抵达剑河，『晚上，我们吃了有生以来最特别的一顿混合圣诞大餐，有湖北菜、澳大利亚红酒和英国水果布丁』，然后，『我们在雪地中站着，轮流在隔壁的小卖部给家里打了电话』。

请注意，这些听上去并不怎么样的食物，还是两位『长征者』特地让朋友邮寄到剑河县一家饭店的，而此前，他们用了极短的时间，在寒风冷雨中跋涉三十公里山路，就为了过一个还像点样子的节日，搞不好还是为了打一个电话。

只是，土节洋节，进入现代，都一概变味。日本人新井一二三在《不传统的日本》里，就讲到这样的故事，父母近年来不再过元旦，假期计划都是外出旅游，『二十年前，这是根本不可想象的事情』。讽刺的是，新井本人，正是最早的反叛者，还在读大学时，她就觉得假期难得，『何必留在家里过年年岁岁都一样的元旦呢』。于是独飞上海，『一九八四年的元旦，我是在上海宾馆的迪斯科厅迎接的』。

年齿渐增，新井开始后悔，年轻时没有珍惜与父母过节的机会，她感叹道：『现在太迟了，我只好不怎么情愿地去订到海外度假的飞机票。』

经济挂帅，所有节日和假期，都被视为『摇钱树』，而关于假期消费的研究，早成经济学热门话题。举个例子，近年来，中国人放假方式一改再改，各界争论不休，其核心就在于是否有益于拉动消费。持不同意见的经济学家认为，人们在疯狂消费后，都有节省开支的趋势。也就是说，短期内假期经济活动的活跃，放在较长的时间段来看，并不一定真实地提升了商品销售的总额。

美国人亨利·黑兹利特著《一课经济学》，书中质疑所谓的『破窗理论』，在他看来，小捣蛋打坏了面包店的橱窗，的确会给某家玻璃店带来生意，然而，面包店主损失掉的美元，原本是打算去做一套西装的，『如今，这钱被迫挪去修橱窗，出门就穿不成新西装了（或者少了同等价钱的其他日用品或奢侈品）』。换言之，钱还是那么多，在这里花了，在那里就不花，道理简单明了得很。

金云臻《饾饤琐忆》说北方元宵与南方不同，『北京吃糯米食品一律用干磨粉，汤团也不例外，因此粉质总嫌过粗。可是适合于北京摇元宵的办法。……不用手捏，而用大竹扁来摇。……北京人喜欢吃炸元宵，甚至作为酒席上的点心。可是水磨粉的汤团就不能用油煎』。

各地元宵，各有特色，贵阳人甚至还拿汤圆炸过再加盐菜、筒筒辣椒炒来吃，味道颇不坏。尝尝便知。

竹枝词里『少年世味如蜜甜』是袭用宋人李流谦的句子，写这篇文章，重读《隋唐演义》，作者有一段感慨有趣，抄在这里作为结束：『常言道「顽要无益」。我想：人在少小时，顽要尽得些趣，却不知是趣。一到大来，或是求名，或是觅利，将一个身子，弄得忙忙碌碌，那里去偷得一时一刻的闲？直到功名成遂，那时须鬓皤然，要顽要却没了兴致。还有那不得成遂一命先亡的，这便干干的忙了一生。善于逢场作戏，也是一句至语。但要识得个悲欢，相为倚伏，不得流而忘返。』

并未生事

隔锅何以香

卤肚卤鸡各一份，干拌宽面撒姜葱。
隔锅香味须能赏，无论东南西北中。

——贵筑饮食杂咏之三十三干鸡面

鹵肚菌雞各一份乾拌寬麵
撒姜葱隔鍋香味須體賞
無論東南西北中

其卅三

梁添怡／绘

【贰拾伍】

贵阳是省会城市，而省会往往是各地美食的集纳地，比如安顺牛肉粉、毕节康家脆哨面、兴义糯米饭、正安米皮……都有非常正宗的门店，不逊当地。

然而遗珠难免，有些好味道，还是得驱车远行，方能一尝究竟。

比如安顺。我向来喜欢去安顺觅食，本地耆老戴明贤先生，著有回忆故乡风物的《安顺旧事：一种城记》，书中就写到，『旧日石城多瘾君子，胃纳不健而嘴刁，非美味不能有食欲。影响家人，波及社会，形成烹饪精洁、小吃花巧，甲于黔省。民谚说贵阳人讲穿着，安顺人讲吃喝。我第一次去成都，久慕其小吃之名，遍尝一通，觉得盛名之下，其实难副』。

戴公此说，我举双手双脚赞成。不过，真正知道安顺美食之妙，不过是近十来年的事情。

因四姨、四姨父在安顺帆布厂工作，小时几乎每到寒暑假总会去玩一两个礼拜，可惜厂子离城颇有距离，加之当时商品经济还未繁荣发展，当地美食，一概没有留下印象。倒是厂里多北方人，善包饺子，我帮忙的次数多了，居然学会擀皮，而且手艺还颇不错。

十几年前，我们大概十来个朋友组织了一个完全自发的小群体，取名『有个读书会』，每月同读一本书，每月一聚谈谈读后所感，顺带地也吃个饭喝杯酒。某次聚罢，兴致尚高，不舍得便散。于是有人提议去安顺住一晚，早起觅小吃，撑饱便回家。对于这种庸俗的建议，向来是一呼百应，几家人立马驱车西狩。

此行我至今犹怀。在市委招待所住了一宿，因为要赶头锅油炸鸡蛋糕和油炸粑稀饭，没有敢睡懒觉，天亮即起，迷迷糊糊地穿小巷，钻陋棚，排长队，舔嘴舔舌吃完，大呼值得。没有吃太饱，因接下来还有干鸡面、清明粑、小锅凉粉、裹卷、支记牛肉……一天吃下来，得说民谚诚不我欺，安顺人讲吃喝，名不虚传。

此后，几乎每年都组织一次安顺美食行。少则十来人，最多是近四十号人，车停安顺文庙前，斜插下去到儒林路，挨家挨户吃过来。可惜今年城市改造，半截儒林路都封起来了，不知今后还会回迁不。

好在安顺美食不止在此一处，偶尔出差，之所以打电话找同学，无非也是要本地人才知道，这些美食到底散落何处？不负所望的是，同学带路，在南水路找到油炸鸡蛋糕、油炸粑稀饭，新鲜出锅，填了肚子也解了馋虫。

中午了结公务，对方准备了便餐，婉言谢绝。倒不是客气，有个私心，是不愿意老远来一趟吃些没啥特色的招待饭，说些言不由衷的客套话，握手道别，另有朋友指点，带到普定路一家干鸡面馆，准备大快朵颐。朋友之前专门交代过，干鸡加干肚条，最称快意。点了单，几分钟便端将上来，面条煮熟捞起，不加汤，浇好调料，加一份切块的卤鸡，一份切条的卤肚，飞快地拌匀，一口下去，便知道此行不虚，面条入味，肚条则更惊喜，风卷残云般干掉一碗。稍坐定定神，沉着地做出决定——再来一碗。惜乎干鸡已经售罄，难不倒我，那就两份干肚条，善食者都知，第二碗不用急，宜细嚼慢咽，仔细体会美味。

吃饱返程，晚餐亦不思矣。这才突然想起，多少年未曾连吃两碗面条了，老夫聊发少年狂，只因美食面前不能淡定。贵阳人有句俗谚叫『隔锅香』，小时候大概都被妈妈骂过，不须饶舌，应该都明白。

隔锅何以香？盖因什么东西都架不住经常吃，再好也总归有腻味的时候，换个口味，有了新奇感，食欲因此大张，不足为奇。我们不仅在地域上有所谓『隔锅香』的好奇，到别人家吃饭一样如此。

如今人近中年，拖儿带崽，陷于冗务，时间不属于自己，去别人家里蹭饭机会也少，隔锅到底香不香，已经不甚了然。以我非常深厚的蹭饭经验，最好到朋友父母家吃，一般都可口。大学老同学某君，约着谈个事，叫顺带去家里吃饭，我知道她与母亲同住，还不时在微信上晒照片，卖相颇佳，便欣然应允。不会客气，上桌就开动，吃得其实不算多，但气势很足，而且，绝不吝惜赞美之词。老人家自然高兴，因同学的先生在外地工作，女儿住校，周末始归，平时不做晚饭，一身好武艺无从施展，『半个馒头，夹点霉豆腐就对付一顿』。

于是，我厚颜无耻地加上一句，『阿姨托我们的福，今天还吃上顿饭』。老人家更高兴了，满座皆欢。

有个蹭饭的误区叫做客气，很多比较有教养的朋友，只要一到别人家里吃饭，就矜持得一塌糊涂，各种借口，什么中午吃得太饱，下午刚吃过点心之类的。于是箸不轻举，食不二碗，貌似很尊重人，其实换位思考便知不然。主人家辛辛苦苦做好一桌子饭菜，当然希望你吃得开心，结果你居然这样，无异于当面打脸，我可不干这样『吃亏不讨好』的傻事。以至于有个朋友，曾对我有过三段论式的准确评价——

一开始她是觉得我真懂吃，不仅懂，还善于评价，说得头头是道，一语中的；然后，是认为我不懂吃，所以吃什么都好吃，是个粗笨夯货；末了，发现，此人之所以能吃善道，完全是长期在别人家里蹭吃蹭喝，养成了个油嘴滑舌的德性……

如此而已，并无深意。

前面说过，隔锅之香与不香，还包括外出远游时，曾与贵州卫视的朋友们搞过一次大型的跨省采访活动『西部行』，整整三个月，走遍西部十二省区。三十几号人离开贵阳后，很快分成两拨，一拨以我为首，到哪里便只吃当地特色，属于『隔锅香』派；另一拨则只找家乡味，实在找不到，就以川菜和湘菜代替，顿顿离不得辣椒，属于『隔锅不香』派。

老一辈的美食作者，汪曾祺先生我素所喜读，他有篇文章叫《四方食事》，便说『口之于味，有同嗜焉』，好吃的东西大家都喜欢，但也不尽然，世界之大，饮食之富，远超想象，遇到完全不能接受的，也在情理之中，『有些东西，自己尽可不吃，但不要反对旁人吃。不要以为自己不吃的东西，谁吃，就是岂有此理。……总之，一个人的口味要宽一点、杂一点，南甜北咸东辣西酸，都去尝尝。对食物如此，对文化也应该这样』。

说得好，香不香是个感受和习惯问题，包容些好，勇于尝试一下，不是坏事。非常讨厌到外地吃家乡菜，记得前年去山东出差，有个朋友请吃饭，出于关心，表示说要找一家贵州或者四川馆子，以慰我等乡思，严词拒绝，『您要这样，下次去贵阳，我请吃山东大饼』。

当然是玩笑。最后吃了正宗的山东面食，香得不得了。

后记

说起来，我不算是标准吃货，也就是贵阳俗话所谓的『五香嘴』。斗胆落笔，洵非无故。大抵嘴馋者多半手懒，能吃者未必能说，只好勉为其难写一写。

另一个缘起，是十年来断断续续胡诌了三十来首有关贵阳小吃的竹枝词，韵用吾乡土话，平仄亦未尽合于律，读到知堂老人的《老虎桥杂诗序》，其中有这样的话：『我哪里有这种不知手之舞之足之蹈之的材料，要来那末苦心孤诣的来做成诗呢？也就只有一点散文的资料，偶尔想要发表罢了。拿了这种资料，却用限字用韵的形式，写了出来，结果是一种变样的诗，这东西我以前称之为打油诗，现今改叫杂诗的便是。』

这些杂诗或者说打油诗，泰半得自指头上，也就是写在手机上，短信发给不少朋友，尤其是在外地工作的贵阳朋友，都很喜欢。吾师王晓卫，即回复我说：『君以方言作贵阳小吃杂咏，余喜其俗而有味，感而赋诗。』诗曰：『方俗有味惹情思，恰似豳秦各入诗。旧老时訾乡谚鄙，生民故事岂容嗤。』

虽说『岂容嗤』，在我而言，拿散文的资料写成杂诗，再由此铺陈为文，其实倒不妨当作是注释看，而其目的，无非也还是希望略记过往及当下的食事，抒发少许隐藏在一饮一啄背后的感慨，聊且博人一乐或者一叹。

如此而已。

循例，得在后记里致谢一番。

先是家父家母。大学时代，有那么一两个学期，周一上午头两节没课，于是返校时便搭我父亲的车子坐进城，他好吃而且懂吃，于是每周一次，带我遍尝贵阳的各色早餐。现在回想，最早激活我对于本地小吃味蕾的，大概就是这种不惮于花费时间气力寻找美味的精神。母亲祖籍宁波，日常食物，犹存家乡风味，加之外婆在世时，做得一手好菜，到现在周末回家吃饭，还是外婆传下来的那几个菜最得我心，较之平时，可多下一碗饭。

还有戴明贤先生及其公子戴冰。戴先生是安顺人，我读他的著作，便开始向往安顺小吃，这些年无数次陪他返乡，因此沾光，大饱口福，此书封面亦由先生题笺，借此答谢。而我写成这本小书，最早即出于戴冰兄的促使，几年前，他在微博上读到我的贵阳小吃竹枝词，邀我敷衍成文发表，并收入他主编的『博文贵阳』第一辑，如今再版，文章从十五篇增加到二十五篇，文字也几乎多了一倍，三十三首竹枝词重新抄过。仍要感谢戴冰兄加我青眼，虽说直到现在他也还没吸收我加入作协。

书籍的装帧设计是曹琼德老师操刀，差不多二十年前，我们在某个茶会上认识，一见如故，许为知交。他待我极厚，甚至连自己偏爱的服装品牌也偷偷与我分享。拙著本不足道，曹老师亲自出手为之包装，为我增添了吹嘘的资本，在此谢过。

当然还有燕达和高爷贤伉俪，上一本书《大时代的小注脚》由高爷作序，这一次换成燕达，部分的原因是，我们俩都不是那种不顾一切的吃货，她也许更能理解我那些不够口水滴答的文字背后所掉的书袋，以及某些不好言说的意思。且我写专栏，最早就是在燕达的撺掇下尝试，结集成书，她不能不乐观其成，为我颂扬。我得说，燕达的序言比高爷写得好，没有那些个皮里阳秋的言外之意。哈哈哈。

画家颜冰、王荣植二兄，非常辛苦地组织『众艺院』的『得艺门生』，为本书绘制了数十幅插图，谢谢两位以及小画家们。还有为此书拍摄插图的陆昱兄，提供了大量街头小吃参考照片的欧东衢兄，以及经常在一起觅食的朋友们。

最后，是贵州人民出版社的谢丹华、张黎二君，没有你们大胆决策和巧手编辑，便没有这本书的再版问世。谢谢。

是为记。

庚子年小满后五日　周之江

本书由贵阳市宣传文化事业发展专项资金资助出版